U0934117

Schwierige Mitmenschen

So gehen Sie souverän mit ihnen um

如何搞定难相处的人

Karen Zoller

[德国] 卡伦·左勒 著　马亚雯 译

译林出版社

献给我的父亲

导　语

“他人即地狱！”在让－保罗·萨特的戏剧《禁闭》中，一位角色是如此判定的。对于他们所有人而言，地狱没有出路。卡伦·左勒的这本书里，讲的就是这些“他人”，就是这些让别人的生活变得麻烦的人。不过这里我承诺，有十足的把握，可以把与他们的交往变为可能，而这需要勇气。

然而要有这样的把握并不易。首先，我们要认识到面对的困难，不管是隐藏在背后的，还是显露在表面的。判断性的意识可以帮助我们更好地追踪问题的踪迹。“知人之明”这个词语在这里有着指导性的重要地位。

其次，我们要明白，难以交往的他人并非天生如此。他们的难以相处或许始于和我们的交流：人与人会相互作用，其实我们有意识或无意识地都会参与到对方特质的形成过程中。

好！现在我就要开始我的游戏！这个游戏以你我之间相互作用的关系动力为基础。“其实我根本不是这样的人，但是跟你在一起的时候，我就会变成一个——暴跳如雷的人、没安全感的胆小鬼、吹毛求疵的老顽固、没有自信的自我怀疑者……”这时除了判断性的意识，我们还必须有一种系统性的认识，用以迎接挑战和应对挑战。这样我们才能认识到，我们自身在对方成为这样一个他人的过程中所起到的作用。同时，我们或许还会发现：我的天啊！其实有时候是我们自己在生气，别人只是无意中被卷进来了而已。

“难相处的人”这个话题会引起自我反思。如果最后我们所有想去改变、去转化、去驯服他们的努力都失败的话，那么，我们就不得不提伟大的女心理学家和话题中心交互行动的创始人露特·科恩提出的那个问题了：“如果别人总是不如我愿，我该怎么办？”

为了逃离地狱，我们必须把那些有难度的人际交往转化为我们个人的挑战。你有兴趣在接下来的时间里参与这项生活技术的培训吗？那么就请阅读卡伦·左勒的这本书吧，更好的做法是把它用于实践！如果你和我有同样的阅读感受，你将会看到：这本书有大脑、有心脏、有手，还有脚。

说这本书有“大脑”，是因为本书的观点和它们之间的联系都有清晰的表达——这个课题的复杂性要求读者在人格心理学、冲突心理学和关系动力学方面都有所了解。我们汉堡交流心理学方面的专家们将会开心地碰见一些老朋友：李曼－托曼模型、恶性循环、内在团队。卡伦·左勒在书中运用了自己作为培训师的经验和一些相关的实例，将理论和实践很好地结合在了一起。我认为，书中讲述冲突心理学的一章，加速和刹车的比喻极具启发意义。总之，你也可以来搜集一些令你难忘的比喻。

说这本书有“心脏”，指的是当你内在的那个人，通过思考、感受和愿望，以一种特殊的方式被触及时，如果没有内心的塑造，一切都是空谈。写下这句话毫不费时，但如果我们真正严肃地看待它，就会受到深远的影响。

“手”，在这里指的是每一种认识，每一种感情移入和自我感情移入，都需要一个使用法则使其生效。在第七章中等待我们的是一个工具箱，箱子里面就有这样的法则。卡伦·左勒从一开始就毫不吝啬地给出了许多行为建议。近年来我很少看到带有这么多好建议的书。但这些建议并非适用于所有情况的泛泛而谈，我们需要有针对性地采纳：它符合我们正在面对的情况吗？它适用于该情况中的当事人吗？

一本有手有“脚”的书。这里的“脚”代表着我们所站立的地面，代表着我们进行各种行为活动的平面。能否和那些难相处的人建立良好的沟通，也取决于交流是否符合当时的情境。但是，请不要做那个在平面上被推来推去的角色，我们应该自己来定义自己的领地！（参见第六章）

我们可以逃离地狱吗？阅读本书，你将离自由更近一步。

弗里德曼·舒尔茨·冯·图恩

汉堡，2016年3月

前　言

写这本书的想法源于我从 2005 年开设的以“与难相处的人交往”为主题的一系列课程。我从来没有对哪部书稿进行过这么多次的修改，有时甚至还要替换一些段落或者将整部分内容完全改变。对内容进行更新或者做短暂的调整无疑属于专业课程设置的范畴，但这次，我想让这本书发挥更多实际效用。所以对我个人的追求而言，本课题也有重要意义。对“阳关大道”的不懈追求，以及“如果想要做得对，只有唯一完美的答案！”这样的（时常无意识的）信念，对本书的课题而言都很典型。

与那些难相处的人交往在行为上和情绪上都会遭受巨大的压力，无助、生气、悲伤还有希望和恐惧，掺杂其中。这些人把我们带到了可掌控的舒适区的边缘，有时还超出了这个边界。这样的混乱唤起了人们心中对魔杖的渴望，轻轻一挥，不光是麻烦本身，连同所有的负面情绪都会消失。这样的愿景情有可原。然而这些年我与这个话题接触得越多，就越清楚地意识到，与那些难相处的人交往以及在处理一些与之相关的问题时，关键常常不在于寻找到一个完美的解决方案。很多情况下，其实最重要的是，让一个困难的情况变得不那么糟糕，或者变得稍微可以接受一些，即认识到使自己痛苦的边缘并且勇敢地护卫它。重要的是，让自己从那种“头撞南墙”不知所措的困境中走出来,并妥善处理问题。

我认为有两种能力是非常重要的：一是搭建桥梁的能力，二是划定边界的能力。如果谁有足够的（不需要完美的）这两种能力，并且能够在相关情境中运用它们，那么他就能减少很多把自己困在其中热情消耗殆尽的风险，也可以避免自己在那些冥顽不灵的人身上白费力气。

在对这个课题进行了长达十年的深入研究后，我认为现在时机已经成熟，是时候把我的认识、我的经验和心得总结成文了。有的人除了需要具体的和难相处的人进行交流的建议之外，在理解人的内心和人与人之间交际困难的深层原因时还需要一些帮助。本书正是为他们而著。这个课题涉及诸多方面，我的课程参与者也提供了丰富的实际案例，这些实例来源于他们同事的、岳母的、足球教练的、邻居的、老板的狂躁特质，还有周围一些几乎病态的人的行为方式等。

总体来看，有两种人比较难以相处。第一种，是那些和你在人格、价值观或者目标方面有原则性差异的人。这种情况，我们自然希望事情能通过适当的处理办法得以改善。还有一种人，他们只想用恶劣的方式去伤害他人，却没有兴趣去认识合作对象。面对这样的人，我们必须注意自我保护。本书将把重点放在第一类人身上，不过也提供了许多区分第一类人与第二类人的建议。

尽管“与难相处的人交往”这个话题很有挑战性，但我仍然希望你们在阅读的过程中能感受到我在写作时所发现的乐趣。

卡伦·左勒
汉堡，2016 年 5 月

目　录

第一章
难以相处难在哪里

第二章
个性的那些事儿

第三章
怎么建立关系

第四章
冲突心理学

第五章
内在建设

第六章
定义并捍卫自己的游戏场地

第七章
工具箱

第八章
对时代精神的批判性思考

第一章

难以相处难在哪里

他人即地狱！

——萨特《禁闭》

是否真的存在难相处的人呢？这个问题的答案即是和否！确实存在从一开始就很困难的相处过程。有的人不由分说就与人为敌，不信任别人，总是闷闷不乐的，喜欢贬低别人或者骄傲自大。这种情况背后可能有一些个人原因——他也许刚经历了糟糕的一天或者正承受着压力。也有可能是因为这个家伙无关时间、地点和人，就爱不停地与人交恶。此外，还有一种可能性，那就是原因在于你，你本人就是造成他如此行为的原因，比如你唤起了他内心里关于另一个人的消极想法、情绪或回忆（这些时常在无意识的情况下发生）。最后，这些都可以由人与人之间相互的“化学反应”造成，因为有时候人们真的会“气味不投”，一场交往也可能从一开始就出师不利。有的时候一场交往甚至在还未真正开始的时候就已隐患重重。

如果一个对己对人都产生痛苦的行为不是由当时的情境，比如一次危机或者一次冲突引起的，而当事人又固执己见并不想改变自己，那么我们就可以认为，他是一个难相处的人。与他人意见不合时就愤怒相向（“也只有你才会这么蠢笨！”）可能是强烈的情绪压力所导致的一次不幸失误。

但如果当事人面对每一次的冲突情况（对同事、邻居、自己的家人）几乎都是如此，那么与具体的环境无关，这样的攻击性在他的日常交往中就是一种固定行为方式。

遇到这样难相处的家伙绕道而行是最简单也是最快捷的办法，尤其是在交往过程很短暂的情况下。一种很管用的方法是，把这种人当作某种你必须经历的自然现象,比如当你准备出门的时候忽然下雨了，比起咒骂雨天来说，穿上雨衣肯定要有用得多。

除了这些“客观存在的”难相处的家伙，我们更多地会遇到这样的人，当他们不接受或者不在同一程度上接受你的观点时，你觉得他们是难以相处的。你对一种行为方式是否困难、是否有问题的判断，取决于你个人的需求、价值、恐惧、目的和喜好。面对一次傲慢的蔑视我会怒火中烧（我不一定是蔑视的直接接收人），但换作你，或许只认为这是一个不恰当的行为，而你并不想多关注什么。那么有问题的人是谁呢？我自己吗？还是那个行为傲慢的人？

其实一种行为或者一段关系并不都是从一开始就很困难。开头顺利的关系,也有可能因为持续的紧张或者冲突慢慢往消极的方向发展。曾经最要好的朋友、合作伙伴、兄弟姐妹或者邻居也有可能会变成尖酸刻薄的敌人。本书就是为了这一切令人头疼的交往而著。我想给你们提供能够改善个人情况的工具箱。其中包括：如果你想要为了一段关系的改善而投入，你该如何搭建桥梁；以及如果你觉得你该保护自己并替自己辩护，你该如何划清界限。

所有问题都源于视角

当我们开始从事与人性和人际相关的工作时，我们就已经离开了客观真实性和唯一性的范畴，而进入了一个充满主观性和相互作用的混乱世界。每个人都生活在自己的世界里，按照自己的方式去感知和理解一切，凭个人经验来做自认为有逻辑、有意义的事。但这并不意味着别人也会认同你的做法，甚至不意味着，别人会理解你的做法。

案例：梅小姐在一个寄宿学校担任了四年负责人，主管了四年该学校压力管理课题的组织和实施工作，对这个课题她心里有着特别的热情，所以当她的上司出于工作结构的调整中断了她的合同，并把她的工作安排给一个年轻的女同事时，她很受打击。梅期待着，那位女同事会考虑到她的工作经验，至少来问问她的意见，毕竟自己对这个课题已经有了数年的研究，怎么也算得上是位专家了。然而那位女同事并未如梅所愿，她甚至修改了之前久经考验的计划纲领，还想通过对该课题进行私人评分来证明自己。梅小姐既愤怒又伤心，还很生气。当她问那位女同事下一次压力管理活动的邀请函为什么还没有发送时，矛盾便爆发了。梅给这位女同事写了一封尖锐有力的电子邮件，批评她组织工作上的疏忽，并提出，她——梅小姐，临时决定接管邀请函的发送工作，借此对问题进行及时补救。

正当梅小姐以为女同事会对她的“出手相救”感恩的时候，女同事却愤怒不已，在她看来梅小姐这次的行为完全就是擅自干涉她的工作。她觉得自己被无视了、被冒犯了，生气得不行。两个女人之间爆发了争吵，之后的一整个星期里，她们彼此都没有说话，但是跟别人说起对方的时候却更多了。

在这个案例中，谁才是那个难相处的人呢？从双方在相互交往中具体行为的碰撞来看，她们对对方而言都是那个难相处的人。

从这个案例中我们可以看出，矛盾的产生源于诸多因素：上司对工作进行重新分配时应该有更好的准备，他应该更好地说明原因，事情自然会水到渠成，从而避免那些怨怼情绪的产生。梅小姐呢，也该更好地考虑一下自己的行为，比起不由分说就从女同事那里把工作接管到自己手里，更好的做法是把自己能做的事情作为参考提供给同事。新来的女同事则应该对梅小姐的做法给出适当的回应："我知道，一直以来您在压力管理方面的组织和实施工作都非常成功。我刚开始接手这项工作，很乐意学习您的计划纲领，多向您讨教工作经验。我想要形成自己的工作风格，但是对同事们来说可能一开始有些难以适应。所以我很想跟您商量商量，遇到问题的时候我们该怎么办，比如同事们对活动有问题的时候来找您而不是来找我这样的情况。可以请您去喝杯咖啡边喝边聊吗？"

从这个案例中我们发现，其实很多时候，我们对周围人的行为起到了唤醒的作用。在一个情绪爆发的场景里，大家很容易争论一个问题，那就是两人之间究竟是谁先挑起了事端。多数情况下两个当事人会互相推诿责任："我只是……而你……"如果只把自己的行为当作是由外界原因导致的对他人行为的回应，也就暗示了对方，我是按我个人性格中有理由的动机行事的，比如因为对方自私、卑鄙、吝啬或者无情。

案例：部门一位女领导觉得一位女同事很长时间以来说话的口气都很狂妄自大，这让人很不舒服，于是女领导就找她谈话。在这次谈话过程中，女同事表现出一些积压已久的对工作的失望。这位女领导做事严谨，凡事力求完美，任何事她都能挑出毛病，下属完成的业绩在她看来永远不够好。这让女同事心力交瘁，现在必须停止这一切！如果我们认为，在相互的指责抱怨中还夹杂着一丁点儿事实的话，那么事情看起来就是，两位女士在相互影响中把各自的行为方式表现了出来。其实这些行为本身就算得上“难以相处”，只不过直到两人正面交锋时才看出来。但人与人之间的相互作用很多时候并不像案例中这么明显，而是十分难以捉摸。

下一个案例能够证明这一点。在我的研讨课上，我请每个学员在开始的时候列举一两个他们在工作中或者私人生活中遇到的难相处的人，并且简要地介绍一下他们。一位医药代表提到他工作中刚遇到的一位女医生，她拒绝使用一种新型的高效抗癌药品。

于是他抱怨道，这位女医生连对这种药物做一些初步了解都不愿意。他绞尽脑汁说服她使用，然而女医生还是断然回绝。鉴于他完全不能理解女医生的拒绝，我建议学员们通过一个角色扮演的游戏作一个情境还原，来看看她为什么会这么做。首先是短暂的问候，紧接着医药代表就开始阐释这种药品的好处，对医生进行了一番话语不断的轰炸。扮演女医生的女学员尝试了好几次想要插话，但是对方完全不理会。医药代表对推销出这款药品的亢奋和迫切心理几乎把对方逼上绝路。现在，医药代表口中女医生让人难以理解的反应，我们便可以从一个新的视角来看待，医药代表如此激动，女医生的做法看起来也情有可原了。

在之后的情境讨论中我问那位学员，有没有发现为什么自己会表现得如此激进。他说，推广抗癌药对他而言并不只是一份工作任务，而是一种个人使命：因为癌症，他 8 岁那年就失去了母亲，所以现在才特别想让其他孩子避免相同的命运。他的解释不仅让自己先前过激的行为变得可以理解，还唤起了大家共同的思考：他到底该用怎么样的说话和行为方式，才能提高自己在那位女医生那里成功的机会。

在上述案例中我们明显可以看到，在看待“难相处的人”这个问题时，以下几个方面需要注意：

1. 我们如何看待他人的行为，如何给这些行为贴上标签，其实与我们自己主观的感受和个性有关。马克斯·弗里施在他的第一本日记里对这一问题是这么说的：“在某种程度上，别人眼中的我们，其实就是我们的本质，或者反过来，我们也是他人的总结者。我们其实在用一种隐藏的、不可避免的方式对他们向我们展示的面孔负责，这并不是对这些面孔所展示的气质负责，而是对这些气质的耗尽负责。”（《日记：1946—1949》，马克斯·弗里施，1987，第 27 页）

2. 人与人会在行为中相互作用，但是行为和行为的回应并不能很清楚地被分门别类。这就导致了在紧张关系中，我们会对对方有一些歪曲的理解，并且认为我们自己的行为是适当的、正确的或者正派的。这种认知偏离会让我们自己的行为看起来绝对正确，而对方则绝对错误，以至于在有的情况下我们自己就会成为那个难相处的人。

3. 有的人，他的行为在大多数人看来都是引人注目或者是干扰别人的。如果一个人的行为不仅是不适当，而且是经常十分明显不适当，那么我们就更可以怀疑，这是一种基于他基本心理的固定行为模式。糟糕的是，有人相信“只要我做对了，我就可以很好地和别人相处”，或者自我怀疑地问：“我到底做错了什么？”

当事人可能什么都没有做错，只是在错误的时间出现在了错误的地点而已！

如何与易怒的同事或者古板的表姐妹相处，这个问题没有公式化的答案。为了弄清楚适当的答案和适当的行为方式，我们需要自我反省、澄清关系的方法以及摆脱困难交流的实用工具。基本问题是：一个情境里，谁和谁由于什么原因、用什么方式产生了困难，用什么方法可以有效地改变？本书的目的就是在这些问题上为你提供支持，并为你指明摆脱破坏性动力作用的操作方法。

两个安全护栏：理解与行动

你现在手里正拿着这本书，说明“难相处的人”这个话题对你而言肯定有一定的意义。或许你有一位难相处的老板、老公、同事或者邻居，你想改变和他们的交往；或许你想要未雨绸缪地为将来有难度的交往做一些准备；又或许是你正有一段如芒在背的艰难关系想要清理。

我将从两个角度观察“与难相处的人交往”这个话题。第一是针对操作和解决方面的角度，第二是致力于对这种困难有深度理解的针对认识方面的角度。

第一种角度会解释诸如以下问题：改善一段困难的关系是否值得投入？什么地步才算无可救药，从哪里知晓这是不是结束？什么会危及自身？日常操作工具和建议会帮助你在和难相处的人打交道时少些压力和摩擦，节省一些精力。本书对你来说肯定有用，虽然并不是那种能用看起来很简单的方式、在每一种情境里都能发挥万能作用的工具。谁有兴趣审视自己的视角，谁想要达成自己的目的、实现自己的利益，谁遭到了他人的误解和拒绝，这些问题在一定程度上都为本书中讲述的交流问题提供了基础。再加上，所谓的万能药也会支撑不住，因为它并不适用于每一个具体情境中的个体。所以在与难相处的人交流的时候，观察特定的语境是十分必要的，因为人们需要的是一种适当的、能真正解决问题的办法或者策略。除此以外还有其他有效的观察视角：如果你一开始把难相处的同事、老板或者邻居都看作夺走了你生活乐趣的侵略者，那么这会对你的状态产生消极影响；如果你把精力都用于思考侵略的场景、独断的方式和优越的方法，那么你会戴着这副眼镜去看待生活中的许多关系，会错误地认为自己处在一些费力的竞争或者权力斗争中。

顺便说一下，持续存在于消极者预期里的也不是什么良好的生活态度。“注意力在哪儿，精力就会去哪儿！”（米尔顿·艾瑞克森）一个人的精力会朝着注意力所在的地方去。就像我儿时玩过的老游戏“红鸭子”中那样：谁最先在街上发现一只“红鸭子”（也就是一辆雪铁龙 2CV[①]），并且立刻喊一声“红鸭子”，就可以许下愿望——除了上学路上玩这个游戏时，我从来没有看到过这么多的“红鸭子”。原因并不在于这个汽车品牌多么受欢迎，而是在于我自己的注意力。

第二个角度，也就是认知角度，目的在于对难相处的人这个课题有更深的理解。我想邀请你把目光投向舞台背后，同时别忘了人性的问题，因为正是它最早将我们带进了相互的为难中。

是什么让一个人的行为变得难搞？我想要启发你对周围难相处的人、对自己都进行思考，或者还要想想，在什么情况下你自己也会变成难相处的人。难相处的行为通常都有一个“内在面”。这其实就是一个人内在世界通往外在世界的表达。基本需求长期得不到满足和消

① 雪铁龙2CV是法国雪铁龙汽车公司于1935年生产的一款家用汽车，因外形酷似鸭子被戏称为“丑小鸭”。——译者注（本书注均为译者注）

极预期一样，会造成一个人对周围人而言的难以相处。关注一下自己的——尽可能也要——关注一下难相处的那些他者的内在面是很值得的！当然并不需要对你遇到的每一个人都这样。对某些人而言这会很有帮助，你可以不再为正确的（我的）或者错误的（你的）需求而争吵，而是针对需求、价值和目的的不同去寻找合适的交流渠道。纵观自己的模式可以避免落入圈套。有些人在摸索中前行，总是反复陷入同样的困境，觉得自己该对一切负责。而有的人则恰恰相反，他们会把所有的错误和问题都归咎到他人身上。要想与难相处的人顺利交流，自我认识和反省是十分重要的。

如果你已经对困难行为和紧张人际关系的成因有了较好的理解，那么这里将给你提供更多的实际操作方法。相比机械地表演，你可以：

○对发生的事情作出更好的解释。这样你可以自然地获得离情境更远的距离，然后更深思熟虑地处理。

○反思自己对这个情况负有多少责任。这样你就可以为自己的行为打开修正的大门。

○思考，你想在哪一点上继续向对方靠拢。这样你就可以有目的地搭建桥梁，因为你找到了更好的通向对方的入口。

○决定，在冲突对峙中你希望事情发展到什么程度。这样你就可以在一个可辨别的、清晰的和保持足够尊重的情况下作出反应。

○检查，自己的付出有无意义。这样你可以更早地意识到毫无指望的、令人筋疲力尽的争论，然后选择绕道而行。

建立与构造

这本书的结构理念源于日常生活中的一句俗语，你或许知道："我现在已经到了旗杆顶端了！"[①] 如果在克服某种困难的情况时，人们已经用尽办法，不知道接下来该怎么做，就会这么说。我在下面用旗杆作比喻，是为了说明我们在观察与难相处的人交往的问题时，必须考虑到哪些层面。因此我将旗杆划分为了三截：从地面往上的一截，中间一截，最后是旗杆的顶点。

接近地面的这一部分，我把它叫作"我"区，这是与你自己相关的部分。你从这里开始建立与他人的联系。

旗杆的下端

旗杆的下端伴随着你自己特别的个性、需求、价值——也包括你的特质、敏感点以及担忧。你的"我"平面是由你生活中那些积极的和消极的经历压缩而成的，这就是俗称的（内在）平面：在这个平面上形成了你对周围人行为的反应。如果你希望拥有令人满意的私人关系和工作关系，那么你就需要了解这个平面，并且培养出良好的自我意识。人与人之间的不同可以给你带来令人兴奋的交流，引导你建立令人愉悦的联系。这会发生在比如你爱上一个人的时候，因为你的伴侣，你忽然感觉到自己"完整了"。但人与人之间的差异也会给彼此造成一定的伤害：通常由于长期的矛盾，我们以前亲近的人也会变

---

① 德语俗语："Ich bin am Ende der Fahnenstange angelangt！"这里是直译，比喻走投无路。

得很难相处。“我们之前的激情热血，如今都成了心灰意冷。”（舒尔茨·冯·图恩）

本书有两章是专门为旗杆上偏下的这部分而写的：第二章讲述的是人格发展和不同行为风格的问题。这里我把李曼-托曼模型当作人类基本需求和恐惧的指南针。

该模型描述了四种不同的个性追求，其中的每一种在特定情况下都会走向极端，形成麻烦的行为方式。在第五章我会为你介绍舒尔茨·冯·图恩所讲的“内在团队”，这会帮助你更好地认识和理解自己的行为模式。怎么才能让自己去做原本不愿意做的事？面对事后你才觉得仿佛被人占有了什么或者被夺取了管理权的情况，你该如何行事？最后，处理你的情况时你到底需要哪些内在力量？这一章我就为你讲述，你无论如何也该配备和支持的：你的私人保镖！

旗杆的中间

旗杆的中间部分是由“我们”组成的。这里要讲的就是“关系动力”。无论是令人难受的短期交往，还是长期关系中不断恶化的冲突，都包括在内：参与者如何相互面对？他们怎么看待自己的角色、义务和权利？他们对彼此有什么期待，为了达成利益他们会使用什么方法？权力作为交流工具后会给关系带来什么后果？第三章正是为这些问题而写。第四章将会关注矛盾冲突中的心理学知识。“难相处的人”和“矛盾冲突”两个话题有很广的交集。（不断恶化的）冲突往往会导致参与者认为对方是难相处的人。如果你能认识到他们的矛盾特点，反思他们处理矛盾的社交生活，你就已经基本能够有分辨性地去观察困难的交流了。所以我要介绍两种最基础的冲突类型，并且用“加油”和

“刹车”来比喻它们。

第六章活动在旗杆的中部和俗语中所说的尽头之间，尽头处人们已经无法澄清自己或者进行对话，只能自我保护和自我反击。探索改变的潜在机会和边界就是他们关心自己个人领地的目的：“划清你自己的领地，不然你就会成为玩物。”我还要给你们介绍一种自我澄清的结构化方法。根据有目的的问题，你们可以检验，当涉及难相处的他人时，你自己置身何处。本章的最后还有一些给有可能出现的解释性对话的建议，以及一些对此必要的工具。

旗杆的顶端

到第七章我们就接近旗杆的尽头了。这里我为日常生活中处理困难的情况准备了一个工具箱。其中也包括了你们建立内在保镖所需要的工具，还有那些如何与难相处的他人交流的综合性指导。

第八章概括了需要对产生难相处的人负责的社会框架条件。本身并不完美，但又沉溺在觉得自己无与伦比的骄傲自大中无法自拔，我们追求“快、完美、高效”的时代精神，对这样的自我认知表示同情。当内部和外部的压力都超过了一定限度时，问题也就差不多要形成了！

在职场上，领导层扮演着一个重要的角色，因为领导风格对盛行的风气有着决定性的作用。心理学家格哈德·达曼曾在他的著作《纳粹、自私狂、精神病》中令人印象深刻地指出，滥用权力的领导会给职员带来哪些灾难性的后果。

在这八章的每一章中，你都能找到分析你个人情况的启发和方法。不同的练习将为你提供深度自我反省的可能。对实践操作的建议和指导会和描述的挑战一起完善该章的内容。

对写作方式的解说：出于常用名词的阳性属性[①]，我也决定采用这样的写作方式，当然书中所有的所指都包含男女两种性别。

把握——一切尽在掌控中？

本书的题目已经暗示了，与难相处的人进行有把握的交流是有可能的。“有把握”在这里指的是，一个人并非一时冲动，而是深思熟虑地行为处事；一个人可以做到“运筹帷幄，把控全局，不示弱，沉着而又果断地面对生活中的挑战”，舒尔茨·冯·图恩在《最高级别的把控》(2004，第 58 页)中如此写道。

案例：一对夫妻想要去一家热门的餐厅吃晚餐。两人并没有预订位置，于是询问服务员还有没有空桌。服务员将他们领到了餐厅光线偏暗处靠近卫生间的一张桌子。夫妻俩不高兴，但基于现状还是咬牙接受了这个位置。不一会儿两位女士走进了餐厅，她们也没有预订，正在询问有无空桌。这时一位女服务员把她们带去了一处虽然小，但是很不错的靠窗的位置。夫妻俩看到这一幕后很生气，把服务员叫了过来，质问道：“为什么不把那个靠窗的好位置分给我们？我们先来的呀！”服务员没有承认他忽略了那个位置，也没有道歉，他冷静地回答：“我猜想你们想要一些私密空间，餐厅的这一片显然更安静些。”他想要表现得很有把握，将自己的疏忽说成是特意为之。对把控的如

① 德语名词分阳性、阴性、中性三类，指代人的，比如职业类名词，通常有阳性、阴性两种写法，分别用于指代男性和女性。在指代全体对象时，通常用阳性名词。

此理解基本掩盖了原本的错误，当事人认为自己能够把一切解释清楚并处理妥当。有时候一个人固然犯了错，却可以巧妙地将错误转移到别处，或者就像上述案例中一样，把错误美化成一种事先计划好的有意为之，反而能强调自己的正确。

最高级别的事态把控能力契合我们倡导专业和优质的时代精神。它的腔调符合诸如独立、成功、完美、支配、活力、镇静和坚定这些特质——真正值得追寻的特性，你不觉得吗？谁不想依靠类似上述这些特质的内在力量战胜困难？但这里我如果用一些类似处方的行为建议可能会给你帮一个倒忙，因为这些建议完全没有考虑你的个性、你的长处和短处（始终保证能使行为有把握的建议，就是这个情况）。

如果你既想有把握，又想保持自我，那么你可能要想想：你眼前是哪一种把控性？对它而言最重要的是什么？把控性，有核心的且可以满足不止一种行为面的把控性，或是人为吹嘘的把控性（好比那种，看着镜子里的自己，对自己说“好美”），产生于经历过反思的经验以及某种程度上对自己的友好。这其中包括对错误的坦白，也包括遭遇的不幸和成功的时刻。针对与难相处的人交流的指导和针对日常行为的指导并不完全相同，这种指导必须概括他整个人以及他的感觉、个性和特征。它是以最高级别把控性为根据的。这样的把控性追求，“……使生活中的挑战保持增长，尽全力寻求必备的专业能力。然而我承认我的弱点、错误和局限性，偶尔我也会不知所措，郁郁寡欢，变得敏感、无助、麻痹和草率，这也许就是我有过失的原因。当我把这些都归于可以理解的而不是可悲的，我便认识到，它就是人类真实性的一部分”。（《交际是一门生活艺术——交谈中的哲学与实践》，皮尔克森、舒尔茨·冯·图恩，2014，第 87 页）

第二章

个性的那些事儿

轻声而又清晰地诉说你真实的想法，并且倾听他人，哪怕愚蠢无知，他们也有自己的故事。

——马克斯·艾尔曼《缺失》

“他其实就是性格不好！”这句话我经常在解释明显的令人不舒服的行为时听到。接下来我想要跟你谈谈，一个人的个性究竟是被什么影响的，以及特殊的经历是如何作用于心理发展的。在解释根本铸造时我将用到李曼 - 托曼模型，我将它交到你手上，作为讨论人与人之间相互作用的指南针。我将极端的行为方式归类到这个模型中，然后展示与之相符的反应可能性。

个性这个概念指的是某个个体身上长期稳定的、特有的各类特质的总和。一个人性格的发展除了先天基因有所作用外，也要受到成长和生活环境的影响。对心理发展而言，出生后前几年的人际关系经历尤其重要。小孩子会直接感受到，和他相关的人对于他的需求和行为是如何反应的。在大脑不断过滤这些信息的同时，一个持续不断的学习过程也就开始了。如果孩子感受到，他对食物和亲密的需求会通过喂食和充满爱意的身体接触得到满足，那么他内心世界的一部分就会觉得：“我和我的感知是会被注意到的，我相信我是被关心的。我是受欢迎的，被围绕的。”

这种情绪可靠性被称为源信任。相反，如果一个孩子对需求的表达没有给相关人的行为带来影响或是带来了负面影响，那么情况就会陷入存在危机。例如，直到 20 世纪 70 年代都流行一种教育实践，即通过忽略婴儿的哭闹，或者把他关起来，以驯服他臆想的反抗。

这样孩子就会确信："我孤身一人，我没有办法得到我想要的。我不受欢迎，也不受保护，我不得不担心自己的生命。"周边的环境和人物的行为都会影响到孩子对常规的感知（这也适用于当常规带来痛苦时——孩子成年后通常不会意识到这种痛苦，否则他也不会将其视作常规）。

在与难相处的人打交道时，同感扮演着很重要的角色。同感是一种设身处地与别人感同身受的能力。一个人换位思考的能力（或者行为）越低，他就越不能灵活地处理紧张的人际关系，同时也会让别人与他的相处变得更加困难。他只在自己的立场上戴着个性的"有色眼镜"，并将其作为唯一的真理，不同意他的，就是错误的。就像他盯着一个地球仪，认为世界上只存在他视野所见的大陆。

现代神经科学研究成果表明：与他人感同身受的能力，受我们早期关系经历的影响很大。"同感能力在很大程度上与为同感提供可能性的镜面系统（神经联系）有关，它通过人与人交往的经验变得足够熟练，并且发挥作用。一个孩子，如果缺乏他人，尤其是与他相关的人对他的感觉有所回应的经历，那么对他而言几乎就不能发展出自己的情绪共鸣。"（《为什么我能感觉你的感觉——直觉交流和反射神经元的秘密》，鲍尔，2006，第70页）

在良好的环境中，孩子会遇到能够与他有同感的相关人。

案例：3岁的丽萨最喜欢的毛绒玩具找不到了，她号啕大哭。妈妈把丽萨搂在怀里安慰她。通过这个温柔有爱的举动，妈妈顺利帮助女儿安静下来，让她适应了发生的事情，也理解了她的感受。"我们学习我们所感觉到的，广义上讲，我们也认识到我们是谁，因为他人会展示给我们。"（《那我呢？精打细算时代的自我认同》，韦哈格，

2012，第 14 页）妈妈通过把自己代入这种悲伤的情绪教会了孩子一个基本的技能，那就是在今后的生活中，自己如何去面对一个悲伤的人。如果妈妈小时候悲伤时没有或者很少从父母那里获得有爱的共鸣（“你自己活该，管不好自己的东西！”），那么面对女儿的哭闹，她或许就会表现出严苛和不理解（“不就一个玩具吗，不许再闹了！”）。其实面对女儿的行为，母亲无意识地温习了自己遭遇拒绝时感受到的痛苦。在尝试克服这种痛苦和无助时，会再产生出有伤害的行为模式，有时甚至会影响到下一代。当然，反过来说，积极的行为也会通过加强和认可得以继续传递。

一个人担心自己的方式，保护自己的方式，还有他的行为从周围环境里能获取怎样的共鸣，都会影响到个性的形成。使个人需求得到满足，避免不愉快的事情，是人类最重要的行为动机。

人人平等但人人不同

李曼 - 托曼模型是由两个人的名字命名的：弗里茨 · 李曼和克里斯多夫 · 托曼。结合两个人的姓名来命名这个模型，并不是源于模型发展过程中的合作（两位作者相互并不认识），二人的联系来自对人类行为，尤其是对性格影响的异同有更好理解的追求。心理分析师弗里茨 · 李曼（1902—1979）在他 1961 年出版的心理学奠基之作《恐惧的基本形式》中描述了在生活构建中引导和影响人们性格的四个极点：

1. “追求亲密”，包括对归属感的需求，对和谐的努力，对与他人共性的寻找。这种追求是针对联系的，重要的话题有：爱、关心、关注、友谊、同感、坦诚和信任。

2. “追求距离”，与对自由、独立、自制和自我肯定的需求相结合。在这里，客观分析的视角对个性和独立的愿望是最重要的。

3. “追求长期”，指的是对秩序、准确性和关联性的需求。它遵循稳定性，与控制、履行义务、安全性和可靠性这些方面相联系。最关键的是：有原则的、正确的和可信赖的行为。

4. “追求转变”，是典型的对改变、交换和持续发展的需求，它包含的话题有：热情、创造性、自发性和生动性。重要的是对深度经历和周围人关注的需求。

心理医生和神经学家格尔达·荣在她2006年出版的著作《我们的内在资源》中，根据那则讲述一位徒步旅行者在狭窄的山间道路上，被一块巨石挡住去路的古老传说，用实例说明了这四种个性的追求。面对这样的情况，旅行者的选择便取决于他既有的个性追求。格尔达·荣用了括号中另外的表述来指代这些追求：追求亲密（情感型）的旅行者会观察，这条路上还会不会有其他人来，或许就可以帮助他把石头推开。追求距离（思虑型）的旅行者会先对问题进行分析，研究比如巨石的位置和重量，再估算一下要使现有状况有所改观的前景。追求长期（建设型）的旅行者会竭尽全力地把石头往旁边推，而追求转变的（变动型）旅行者会通过转向和敏捷的身手来绕过巨石，或者他干脆背靠着巨石让自己好好休息一下。

瑞士心理治疗师克里斯多夫·托曼，“冲突解释帮助”的创始人，用一个坐标系的四极（2004）阐释了弗里茨·李曼描绘的四种追求。亲密极点和距离极点在横轴上共同构建了关系维度。竖轴则通过持续和转变这两极构成了时间维度。我接下来将为大家展示，尽管所有人都具备这四极，但在个体身上，它们却有完全不同的影响。一个人在工作环境中可以展现出更多的稳定特质（比如有计划、结构明确、可靠），而在私人领域里却更偏向于转变特质（具有自发性、爱冒险、不让自己闲下来）。

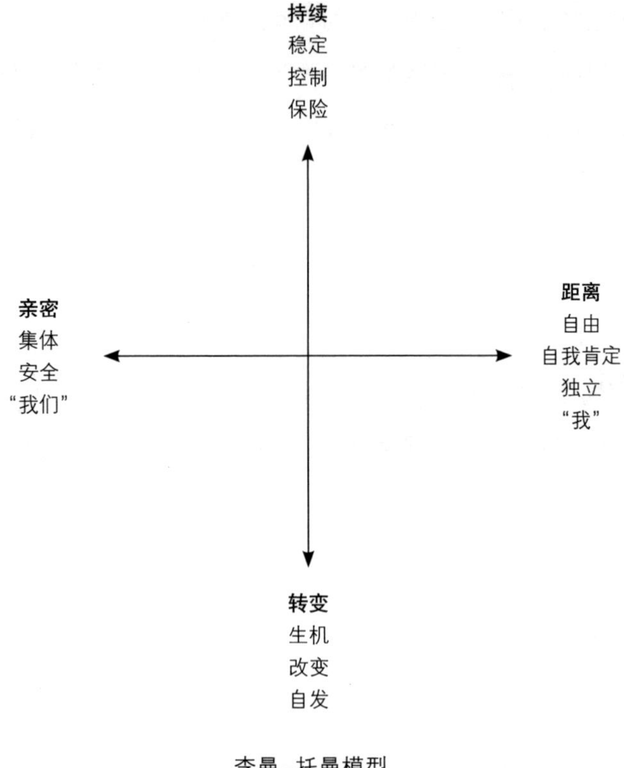

李曼–托曼模型

尽管并不存在完全典型的亲密型、持续型、距离型或者转变型的人，但为了方便起见，我偶尔还是会直接用到“转变型的人”“亲密型的人”等说法，指代的是较受该极点特质影响的人。

亲密极点

对于充满信任的交往，对于关照、同感、爱和团体归属感，每个人都有一定程度上的需求。亲密极点代表的就是人类交往和关系中的原始潜能，例如获得存在的必要性，积极的充满爱的共鸣。

如果没有与他人的接触，人类几乎没有存活的概率或者存活概率很受限制。长期缺乏爱的接触可能会对一个孩子的身体和心理成长都造成巨大的影响。腓特烈二世[①]在13世纪时曾做过一项令人难忘的恐怖尝试。他对一个问题很感兴趣，那就是人类有没有“源语言”。他认为，如果一个孩子在完全没有社会影响的环境下成长，这种源语言就会显现出来。为了达到这个目的，他将几个刚出生的婴儿与他们的语言环境和他人的关心隔绝。这个实验的结果是，所有的孩子在很短的时间内就死去了。相关的文字记录只剩下：“没有了爱抚轻拍，没有了令人开心的鬼脸，没有了乳母亲昵的话语，他们便无法存活。”

20世纪中期，英国的儿科医生，也是关系研究的先驱者约翰·鲍尔比，试图研究早期关系经历对儿童发展的影响。他发现我们最早接触到的那些相关人，对我们的关系能力有着决定性的作用。

对照顾我们的相关人和他们给予我们关注的依赖，都属于生命的基本事实。正是在个人关系经历的基础上，人们才能发展出那些偏向亲密极点的特质，例如感动、温柔、信任、柔和、善助、坦诚、渴求、温婉、奉献、协调、同一、融合和关心。有明显亲密倾向的人在与他

---

①腓特烈二世（Kaiser Friedrich II，1194—1250），神圣罗马帝国皇帝。

人交往中会表现得开朗、大方、乐于助人、对人感兴趣并且善解人意，别人在他们面前会觉得自己本身就是被接受的原因，而不是由于他们的一些特殊成就。在亲密世界中，和谐有着重要的地位。创造并保持和谐是亲密型人的追求。为了达到和平共处，哪怕是自己吃亏了，或者心里觉得自己被不公平对待了，他也早就做好了让出自己的利益以达成谅解的准备。相比于冒险表达不满或者造成争吵，他更愿意去接受既成事实，适应当下的情况。如果经过了所有的努力还是未能达到和谐一致的话，那么他会感到痛苦。

亲密型的人会在内心深处认为有兴趣的、愉快的、友爱的、和谐的相互交往对所有人而言都有着同样的追求价值。对这种世界观的不认同在他看来就是缺乏社会经验或者顽固自我保护的标志，但人们可以用很多爱和持续不断的观照将其解决和治愈。如果一个人在自己的经历和世界观中十分倾向于亲密极点，那么当他人是出于无心而跨越他的底线，他也不会反对或是禁止，因为那样做有可能威胁到和谐，会有造成混乱的危险，也有引发空间分裂的潜在可能。亲密型人最大的恐惧就是被抛弃，所以他害怕任何形式的拒绝，与人对立的代价对他来说太大了。所以如果可能的话，他会避免公开解决冲突。他可以非常痛苦，但又非常隐忍。被不合理对待或者吃亏的感觉，他可以坚强地下咽，但是偶尔也会觉得辛酸。这种“心理伤痛”的结果就是无法言说的埋怨和一种伤心的撤退。对于诸如“你怎么了”这样的询问，他只会生气地回答“没事，已经好了”，对方就以为他真的好了，便安心了，最后别人还会觉得，一切都没问题呀！由于对冲突的胆怯，亲密型的人会视气氛表达出他的侵略性，但不造成言语明确的风险，从而避免公开争吵。在这样的条件下，一场冲突很难得到解决。

如果给予他们充分关注，以及充满爱意的共鸣，有亲密型趋向的人会成为善解人意而又随和的搭档。

从两人的统一中他们并不能很快得到满足，即使得到了满足也不会太多，他们内心里等着被填满的“亲密容器”容量很大。对他们来说有时很难想象，他们的搭档跟他们不一样。在极端情况下，追求亲密的关系行为会发展为个人工作。亲密型的人在任何情况下都试图坚持的特质就是爱（在礼节性的情境下也就是同情），即使这会损害到尊严。

在工作环境中，亲密型的人会是社交型的团结一致的同事，他们会在意舒适的气氛，为了取得良好的业绩，他们自己也需要这样的工作氛围。他们认为重要的不只是角色和功能，还有与其中的人相处并且产生联系。相互支持和帮助是不言而喻的，尽管他们并没有在这些事上花精力。当人们拜托一个亲密型的人帮个忙时，人们很少会听到“不”字。但人们是否能信任那个“好”字，却越发难以估量了。一条对于亲密型人的发展建议是：敢于说“不”，表明自己的底线。不要等着别人来关注你的需求，要主动出击，自己积极地投入。

距离极点

距离极点谈论的却是完全相反的原则:以自己为准，从自己出发，与其他人和其他事的距离感要让自己舒服，还有理性，在这里都是重点。

有着较重距离倾向的人能够很好地表达他们想要什么或者不想要什么。他的清晰和直接让身边的人都很清楚现在是什么状况。他们有时也会反过来这么对待自己，求实地、思考地、控制地，偶尔还会不近人情或者冷酷。通过这样的行为他们在自己身边建立起一个空间，从而与他人保持一定的安全距离。这种距离既是气氛上的，也是身体方面的。每个人都需要一个让自己感到舒适的个体距离，假如一个人进入这个空间然后开始距离很近的谈话，空间所有人就会感到压抑和紧张。大部分人都有过不舒服的越界经历。个人的底线究竟是从哪里开始的，并无定论。人和人不同，另外还受到文化的影响。我在我的研讨课上发现，围成一圈的座位安排方式（为了操作方便，也为了更好的课堂气氛，所以如此安排），和某些参与者的距离需求并不相符。对于有一块私人区域的愿望，最好再有一张桌子来明确领地，在有距离追求的人那里表现得比其他人更明显。不光是在空间意义上，受距离影响的人在情绪上也会一定程度地捍卫自己的距离。这并不是说他们没有进行充满爱意的亲密接触的能力，而是说按照他们的标准，他们能接受的亲密要比亲密型的人狭窄许多。讲述自己的感觉、心理状况、思念和恐惧对他们而言十分困难。一方面是因为他们经常不知道应该说什么，另一方面是因为他们缺乏"内心语言"的外在表达（这当然可以学会）。当他开始诉说自己的心理时，他就会将其客观化。

比起"我很失望，因为……"，一个追求距离的人会这样说："这里本应该……"软弱的情感，比如思念、爱、悲伤、同感、关心、失望或者辛酸，对他而言就是一片隐形的区域，他既不愿意在情绪上处理，也不愿意在言辞上表达。对距离型的人来说，最原始的恐惧来自对纳入、满溢和关联性的恐惧。强迫他有情绪上的认识或者深度的近距离接触意义不大，相反，这可能会让他更加退缩。强烈的情绪，如愤怒、恶心或者憎恶，他反而会表达得很有攻击性或者更加粗暴。当他被攻击或者自我价值受到威胁时，他会表现得很强硬甚至冷酷无情；他常会用有伤害的方式去追求目标，紧接着被结果惊讶到（最后他终于"也只是"清楚地叫出了这个东西的名字）。他捍卫的价值是尊严、荣誉、声望和敬仰，在生活中的很多方面，距离型的人都是不带有同情心的，就像老话说的，"好是好，不必要"（尽管他也需要交往和联系的平台）。这会满足他们对自由的追求，因为坏情绪或者冲突没法那么快地把他们从内在平衡中拉出来。然而对于尊严上的攻击他会非常敏感，他会直截了当地作出回应，回应期间将由他来定义什么是攻击。

案例：一对夫妇出去吃饭，食物的调味有些偏辣，于是丈夫把女服务员叫了过来。服务员道了歉并且用调解的口吻说，他已经是第二个抱怨的客人了。那位丈夫并没有认识到服务员言语上的歉意，还觉得自己被她的反应冒犯了。他的眼神如锥子，声音则像冰一般："什么？！您难道不觉得现在或许是该担心赔偿的时候吗？"

对距离型的人来说，下面的建议或许是一个小小的启示：

1. 认真感受并且深入研究一下你作用在别人身上的强烈影响。当事人并不清楚，或者说在一定程度上并不清楚，这些影响会多严重、多有伤害性或者多尖锐，会让对方产生什么样的情感（绝望、恐惧、无力、生气等）。

2. 在你的情绪强烈程度背后可能隐藏着有伤害的感觉，绝望、委屈、耻辱或者羞愧（柔弱的感觉），你大量的防御或者拒绝就是从这些感觉里爆发的。距离追求比重较大的人时常会非常敏感，很容易感觉到自己受不了"过多"的亲近、接触、强烈情感或者外在刺激，有距离的行为有利于自我调节和内在稳定。在距离的世界里，自由和自愿非常重要。人们不喜欢依赖任何人，也不想未经允许就被牵扯进什么关系中。选择自由、思想自由、决定自由、不受约束和独立自主，是这些人会拼命捍卫也是他们要求别人具备的好品质。

除了身体和情绪方面的距离感外，距离极还包括第三个方面，即认知分析距离。不让自己被自身的心理引导，而是保持对事实的客观态度，是该类型的人在讨论中对对方的要求。很多对话对象会觉得这种特质让人很舒服，特别是当他们自己也是对距离追求更多的类型时。

距离性质会给人的存在感带来一定的挑战。所有的人都面对着一项人生使命，那就是弄明白他们是谁。在生活中的某些阶段，“在这个世界上，我究竟是谁？（生在世间我是何人？）”这样的问题会占据主导地位。青春期就是这样一个阶段。它是自我成长的过程——也是导致父母和孩子之间许多冲突的原因。“我和你不一样！”是这个时期最嘹亮最清晰的判断。但这之后，依然存在着那个还没有被回答的问题：“……但是我到底是谁？！”在自我成长中隐藏着信任的支持，与之相应的，也有分离的瞬间。分离也预示着独立以及孤独的风险。其实从我们出生的那一刻起，从某种程度上来说，我们就是孤独的。我们可以与一个喜爱的人相关联，甚至和他融合在一起，但其实我们每一个人还是与自己的世界和我们各自的经历相关。寻找自己的位置，追求与人接触和瞬间的安全感，其实都是为了克服孤独。从“我们”中抽身而出，对距离倾向的人来说其实也是再生和灵感的源泉。他们需要这样的时刻，用来回归自己、思考自己。假如他们的需求通过独处和避静还不能得到满足，他们有可能会受不了，甚至变得愤怒，尤其是如果这时还有另外一个人向他渴求亲密度的话。

在工作环境中，距离型的人会寻找一些能够发挥他们特质，或者能打上自己烙印的任务和角色，比如老板的左膀右臂，一个特别项目的领导，独自处理一项繁杂的任务，成为特殊问题的专业权威咨询人员。所有这些工作都满足了他对个体价值的追求，并且能够强化他对整体成功做出贡献的动机，因为他往往把个人成就看得比团队成功更重要。托曼对一个距离倾向型成员的团队潜质做过以下总结："在真正开放的氛围中，如果他还没有被纳入时，他的批评方式不只是被宽容，还（不出所料）被当作建设性的贡献，那么他会融入得很好，在团队合作中也表现得很好。尽管没有必要，在专业方面他也会极其出色地合作。"（《帮你解释 2：工作中的冲突——阐释方法和模式的对话》，托曼，2004，第 245 页）

持续极点

李曼 - 托曼模型中的时间维度由持续追求和转变追求一起构成。秩序、计划和结构在持续世界里扮演着很重要的角色。该类型追求比重较大的人，往往守时、缜密、可靠、坚定，而且忠诚，但同时也有可能太过在意细节以至有些拘泥死板。无论是工作领域，还是私人范畴，他们都待人亲切友好，所以也对对方抱有同样的期待。如果在双方已经有约定的情况下，有人没能守约（时间方面、内容方面或者过程方面等），并且还没有及时告知，那么持续型的人会非常生气，尤其是当他们自己也正压力不小的时候。试想一下这样的情境：你预订了一个很重要也很贵重的产品，并且约定了送货时间。

然而到了那天，货却没有如约送达。如果卖家联系你，预先告知了送货延迟的情况，向你道歉，还直接确定了一个新的送货时间，你会接受吗？或许你的回答是：会，当然了！顾客至上的不言而喻的愿望，在持续极这里就成了生活宗旨：谁给谁在什么时候完成什么事项或者送来什么东西，是一项清楚而又明确的约定，就像是铁打的法律一样不可违背。视情况而定、灵活地对待约定，会让持续型的人十分抓狂，他的整个行为都是为遵守秩序服务的。他最大的担心就是失去控制力和对整体的洞察力。这种担心不一定会被发觉，但是它会作为行为压力被察觉。

持续极点包含在正确和错误行为中对明确性的追求和对对错的区分。但什么是对什么是错有时并不好判断，尤其是在事实情况或者相互关联较为复杂时。在跟人相关以及跟人际相关的事情中，歧义一直存在。“可别忘了把材料带给我！”是个友善的提醒，还是挑衅的挖苦呢？

有很强持续倾向的人，试图通过机智的论证来解决这样的问题，以达到明确性。一条弄明白表达目的的捷径就是直接去问信息的发出者，而不是去臆测。如果信息接收方没有弄明白发出方的目的，或者觉得发出方的目的不可信，那么他就会觉得自己的判断是对的，并且坚信，别人只是不愿意承认。如此一来，所谓的明确性倒是建立了，但他跟信息发出方的关系可能就会受到长远的破坏。歧义和表意不明都是持续极的人很难接受的问题，因为这会危害到他们把一切都正确处理好的目的。正确行事、避免错误通常是持续型的人一直以来的追求。但我们可以看到的是，行为对于当事人来说有其自身含义。如果一个人不能接受犯错误是学习过程中的正常现象，而是把错误当成一种难看的、必须杜绝的坏事，一个个人无能的表现，那么他就会全力以赴地不让自己犯错。

在日常工作中，追求持续性的人通常是忠诚的、可靠的同事。他们对秩序的偏爱会给别人带来便利，比如替休假的同事代班，或者整理好一堆陌生的资料。他们列表，及时更新日程，而且非常清楚自己负责什么、不负责什么。他们工作的地方整洁有序，他们的简历也无可挑剔。他们知识渊博，而且（有时不必别人来问）乐意与他人分享。因为他们给人一种关于规则、流程和标准的可信任感，所以他们经常是同事和领导都需要的那种寻求解决方案类型的角色。持续型职员的能力会由于环境的不同得到表扬（如果他的缜密和细致很被需要）或者批评（他对结构的偏爱以及认真态度损害到了工作进程，他不由分说就教训别人或者指出别人的错误）。跟一个持续型的人发生争执是令人很不愉快的事情。他不但严苛地不允许自己犯错，还会十分刚愎自用、对他人愤愤不平。而且他还会将别人的错误记录下来，在必要的时候拿出来以证明别人的不正确。

对于持续型的人，我这里有一条发展建议：不完美是人的事实，要学着带着不完美生活，接受它，而不是与它对抗。有意识地在自己的生活里多增加一些灵活性，去好奇如果没有计划好一切，究竟会发生什么。

转变极点

转变的世界多姿多彩、变幻莫测。这里藏着比如交流的兴趣、冒险的喜悦、自发性、热情、生动性和转变的准备。如果说大的变化对持续型的人来说，根据心理状况的不同会带来不安甚至恐惧，那么对于转变型的人却像是生活的调味剂。文学家赫尔曼·黑塞的诗歌《阶段》的名句“新的开始都具有一种魅力”就表达了这些人不断到达新彼岸的迫切的内在力量。在持续极我们能找到思想家，而在转变极的人中有富有创造力的头脑，有着多彩生平故事的、不拘一格的生活艺术家，他们不会被秩序的更改或者地点的更换所困扰。能随时抵达世界各地的工作和不断出现的新任务和挑战，都非常适合转变型的人。他们以开放的态度面对新的事物，在陌生的环境里也能迅速适应。以他们开朗的本质，以及爱交际、健谈、外向的性格，他们很容易就能找到合作机会。

转变型的人最害怕的就是自己被固定住，甚至自己被束缚而无法再有什么新的作为。秩序对转变型的人而言只是转变前暂时学习的阶段，可能下一秒钟就被丢弃了。来自别人的那些既成的、确定的条条框框会被他们视作束缚，他们并不觉得应该对此感恩戴德。秩序、准时、勤奋和谦虚并不是太重要，其实所有的基本规定和原则他们都不当回事。持续极的观点是“秩序就是生活的一半”，而转变极的座右铭却是“懒于寻找的人，才会遵循秩序”。他们很难想象，为了和他人一起生活或一起工作，就需要确定的约定、信任还有框架。自己看不到或者看不出的东西，在他们眼里也就没有多大的有效性。当他们在空余的时间里感觉自己被束缚了，他们便会远离甚至忽略别人对于联系的需求。如果谁对他们的不守时说三道四，那可要准备好面对这样无所谓的反应了：“哎呀，得了吧，你用不着这样吧，不就区区五分钟嘛！”

按照习惯做法例行公事和平淡无奇的日常是转变型人的噩梦，那些鸡毛蒜皮和长时间的决定过程在他们这里是不存在的。他们喜欢灵活多变，哪怕遇到错误的情况也是如此。“掉头回去重新开始不就好啦！”这是他们理直气壮的回答。在与人合作时，转变型的人是灵活机动的，但他们也有可能造成混乱或不靠谱，因为他们更喜欢站在门口匆匆忙忙地跟你说事儿，而不是预约时间，有时候他们其实已经忘了他们在何时与何人有过约定。对他们自己来说这没什么问题，反正过后还可以再问嘛——或者这根本就没那么重要。将日程、会话结果或者预约用纸笔记下来的习惯跟他们的天性不合。他们喜欢的是短时间的口头约定，有时还会出于实用原因无视公事程序或者等级制度。如果同事或者领导对他们表达了怒意，他们会觉得狭隘庸俗，会讲："你们不该这样。"

有着强烈转变倾向的人通常都是富有创造力的点子王，他们会有许多创新的想法，也会在寻找革新的路上远离陈旧的循规蹈矩。他们保持好奇，质问传统，不让或者不喜欢自己受到标准的束缚。如果标准不可避免，那么他们会找出标准里可能存在的漏洞，或者用别的方式反抗，但其间他们并不冷酷或者无知。他们既期待自己有一定的自由，又希望周围的人觉得他们讨喜，所以他们会用非凡的魅力来支撑想要达到的这个平衡。转变型的人很容易就能掌控别人（事后会被问起，这是如何做到的），或者依照自己的利益所在将别人玩弄于股掌之中。那些在转变极里的人，会在背后被人说太爱操纵和控制。

在距离极和转变极中，自由都具有很高的价值，只是方式不同。在距离极中，最重要的是划分界限以及独立性。这里所说的自由，指的是"远离"某事物的自由，比如不依赖，或者不受他人要求的控制。转变极里所说的自由，意思是"对于"某事物的自由，比如按照自己的喜好做决定和规划，不被某一件事情束缚，而是保持对其他可能性的开放态度。转变是机动性的核心和对当下的全心全意。这一类型的人赖以生存的活力和直率，有一定的迷人之处，对他人也能产生吸引力。他们坚持不懈的自我运转中包含着一些玩闹和幼稚。面对批评他们时常会以孩子般的方式来应对，比如无辜的（“真的吗？”）、固执的（“你自己做！”）、叛逆的（“我们走着瞧！”）或者委屈的（“哎呀，真是的！”）。转变型的人有全身心投入当下的能力，他们会充满激情地、聚精会神地去体验事物，世界上几乎没有哪位艺术家或者演员不具备清晰的转变特质。对丰富生活的追求，以及对尽情享受的渴望，是为创造力提供动能的两大发条。德国作曲家汉内斯·瓦德尔在《今日此处明日别处》这首歌中这样歌唱永不停歇的转变：

今日在此处，明日在别处，
几乎不停留，我必须前行……
都是自己的选择，从不细数年华，
我不问过去，也不问明天……
一年又一年，我早就明白，
没什么会留下，没什么会留下，就像过去那样……
一个人问为何如此，我竟无言以对，
因为答案对我而言太过艰难。
新的，也总会老去，而昨天仍可以的，
今日或者明天却再无可能……

一个对转变极而言有可能性也是有效的发展方向是：学习，十分理智地做决定，稍作停顿，仔细思考自己的决定。扎根大地和同时朝着天空生长并不矛盾，反而会产生充满力量的协同作用。坐下来静静地待着，不要着急用积极性填满这一段平静。

压力和负担是难相处行为的源头

能给一个人带来压力或者让他感觉有负担的东西，往往都跟他的个人性格有关。对有很强亲密倾向的人来说，他们内心的压力一般是由冲突、不受欢迎或者做错事的感觉带来的；距离倾向的人会在别人迫使他进入情绪混乱状态，或者将他束缚在他的独立性中的时候产生压力；持续倾向的人在失去控制权的时候会感到压力；转变型的人会对外部的阻碍自己发展的约束感到压力。

越是背负着压力的人，越会以显著的方式表现出自己最特别的行为方式。有很强亲密倾向性的人会在交流中寻求安全感和认可，他们总是心里不踏实，面对批评“脸皮很薄”，很容易觉得自己被质疑。距离倾向的人在有压力的环境中会表现得粗暴、与人对立、不友好，还会感觉自己被束缚了，他们会试图通过划清界限、用后果威胁或者以撤退来摆脱压力，从而重新找回自我肯定。有持续倾向的人在压力下会表现得很需要安全感，甚至有时会变得有些强迫性，他们防卫、控制、寻求安宁并且试图让一切都井然有序。转变型的人却会表现出吊儿郎当、冥顽不灵、兴奋过度的样子，还试图通过迷人的闪避、奉承和威胁来摆脱有压力的状况。

那些令周围的人感到不悦的行为，一直都是当时或者长期缺乏平衡的表达。大多数时候，将这些压力行为理解为需求的表达是有益的。这样的视角可以帮助我们在面对内心的时候稍退一步，从而感觉不太过于针对个人。你仔细想想：你自己在遭遇压力的时候是如何反应的？周围人的哪些反应会让你感到愉悦？

个人的故乡

所有人身上都存在着四个极点的成分，只是比例非常不同。或许你能在同事、领导、伙伴、朋友或者亲戚身上看出一两个极点，却在四个极点中都能找到自己。通常我们会认为自己与他人更加不同，也更不极端，比起我们自己，显然更容易把他人放在李曼 - 托曼模型中归档分类。四种追求的个体构成在李曼 - 托曼模型中被叫作“个人的故乡”（《帮你解释 1：困难谈话中心理治疗师、谈话助理和主持人的手册》，托曼、舒尔茨 · 冯 · 图恩，2003，第 193 页及 194 页）。个人的故乡是包括一个人独有的所有特性、需求、价值和观点的交叉区域，它影响着个人的行为和感受法则。在这个故乡区域中，我们可以安心地活动，并且感觉自己是有行为能力的。再往边界去就更加引人入胜了——按照心理状况，与人的交流可能会更激动人心或者更令人紧张，因为他人的故乡区域可能正好始于我们故乡区域的边界。

故乡区域通常是这样的，两种极点极其重要，二者夹角的象限构成了故乡区域的主要部分。一个象限是由形成夹角的两个极点定义的：亲密 / 长期象限、长期 / 距离象限、距离 / 转变象限或者亲密 / 转变象限。

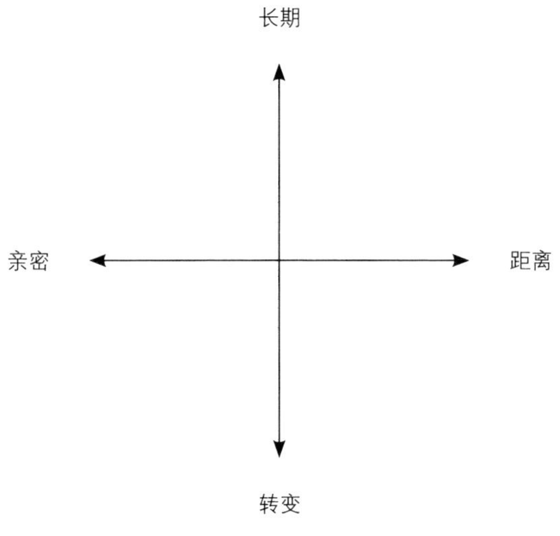

故乡区域示例

练习：

接下来我为大家展示四类人的侧写，他们个人故乡区域中的大部分却在另一个象限。

请尝试着推测一下，在你看来每一类侧写指的是哪一个象限。答案在第四份描写后面。

A. 托尔斯滕·金普勒是一家技术公司的部门领导。在同事中，他以快速、务实以及有时候不大有耐心的工作方式出名。他推崇并维护一种以目的为重，毫无遮掩、毫不修饰的交流模式，也就是习惯用直接的、清晰的语言，从不拐弯抹角，而是直指要点，对于批评也是如此。他的同事们觉得有时候这实在是太过于直白了。而金普勒先生却不是很认同："毕竟我们大家都是成年人了！"有些同事知道他是"一根筋"，他们很明白应该如何应对他；而另一些同事则觉得十分忐忑，甚至会被他吓到。金普勒先生是一个十分遵守原则且注重效率的人，他和同事几乎从不谈论私人话题，很少询问别人的感受，也不经常谈及自己。这给一些同事的印象是老板对他们其实并不感兴趣。

金普勒先生在工作上精确而细致。他很守时，在信件交流中也从不犯错。他认为所有员工按照一定的质量标准定期进行自查很重要。原则性和效率性在他看来是工作领域中理所当然的事情。对于优秀的业绩他并不给予太多表扬，毕竟工作做得好的员工会得到相应好的报酬。其实私下里金普勒先生是一个充满热情的猎人，他喜欢到森林里去看自然美景。但他的妻子更希望他在本来已经很紧张的时间里与家人共度周末。然而他需要这样的休闲，这样他自我才能重新充电，所以他在森林之行上并没有对家人作出让步。

你的推测：________________________象限。

B. 马努埃拉·施密特是一家教育学习中心的社会教育学家。博士毕业以后她便在该机构就职，至今已经工作了13年。儿子出生以后，她做出了至少在家休息一年的决定："小孩子需要他们的母亲！"她很不理解那些生育以后很快就重返工作岗位的女性。她认为孩子成长的最初几年尤其重要，母亲要对一个小生命负责，所以应该有所让步。关怀他人对施密特女士而言非常重要，她一直很关注她的朋友们。邻里相处时她也很乐于助人，只要有时间，她都很乐意在庭院里和邻居们闲聊一会儿。她常热心帮忙，比如别人度假的时候帮忙照看花草、猫咪或者收信。施密特女士以前的女同事也夸她健谈友好，只是她们认为她有一点不好，就是施密特女士在团队内部冲突的时候往往缄口不言。几个同事非常高兴施密特女士没按计划申请领导职务，毕竟和领导相处还是令人感到紧张和压力的。

你的推测：________________________象限。

C. 哈拉尔德·古乔是一名图像设计师。冬季他会居住在希腊的小岛上担任潜水教练，夏季他才是一名自由图像设计师。他没有固定的工作时间，有时候他工作起来连觉都不睡，有时候他又一点都不工作。对他来说，自主和独立是最重要的，他很高兴做自己的老板。他的客户夸赞他的工作，因为他总有好点子。不过日程方面一直很有问题，古乔先生总是不能按时交稿。当他的客户被他的不守时惹恼时，他也不是很在意。因为如果他现有的预订情况良好，他就可以去享受自己的时间。如果天气特别好，在堆得满满的书桌前面他也一整天都不工作。“创造力才不认识办公时间！”这是他的座右铭。几个客户抱怨他的不靠谱，而其他客户却把他放肆的行为方式当作既定的事实，还赞许古乔先生不墨守成规。他的工作成果确实非同一般的优秀。在私人生活中他也很随性：他不喜欢一周以上的预约，因为他没法确定真到了约定的那天，他是否还有兴趣完成那次会面。他重视和朋友们的联系。为了清空自己的头脑，招呼都不打一声就忽然出走几个星期，在他这儿都是极有可能发生的。

你的推测：________________________象限。

D. 赫尔嘉·丽兹是古乔先生的一位女性好友。他们相识于一个戏剧小组，丽兹小姐把自己大部分的空闲时间都花在了这个小组里。戏剧小组并不十分稳定，组员们时来时走。丽兹小姐却不这样，但小组里终究是有变动的，对她来说最重要的是那些爱交际的开朗的人们。她最不喜欢的就是明显的虚荣心，毕竟人们是来寻求快乐的。丽兹小姐的本职是一家康复中心的心理咨询师，她喜欢和自己的患者有紧密的联系。有时她会因为一次深入的谈话而忘记准时开始下一场预约，如此一来不仅下一位患者必须等待，其他同事们的正常工作也会受到影响。她感到很惋惜，但并没有觉得太重要。“五分钟而已！我们总不能按秒针来行事。如果哪天你们超时了，我也很乐意帮忙啊。”这时候丽兹小姐总会变得非常情绪化，所以有的同事真的多次考虑过要对她提出批评。他们希望这位女同事能够变得稍微可靠一些。

你的推测：________________________象限。

答案：

A.托尔斯滕·金普勒：距离／长期

B.马努埃拉·施密特：亲密／长期

C.哈拉尔德·古乔：距离／转变

D.赫尔嘉·丽兹：亲密／转变

或许你认为，案例里的行为方式和个性已经可以归到“难相处”这一栏里了，也可能认为这些行为都很正常。这个判断和被你自己的个性以及故乡区域影响着的感知有关，就像普通和困难行为之间的界限并不是绝对的，而是相对的。如果你的亲密倾向比重很大，遇到了一个同样也是亲密型但明显程度比你低的人，那么你就会把他当作距离型的人来看待。一个十分倾向距离型的人相反又会觉得他是一个亲密型的人。简而言之：我们倾向于将自己的经历当作“正常”，每种以此为基准的相对偏离都会被当作“特别”。所以相对的，我们对于一个情境中什么是“正常”的判断也会因此不同。

故乡区域的自我评判

接下来的问题会帮助你对故乡区域进行自我评判。你的回答将和对四个极点的阐释一起，以坐标结构建造出分类的基础：

〇你在看待他人的时候，哪些性质、价值或者特点是尤为重要的？

〇哪些行为方式会让你生气？（注意：在回答这个问题时你要好好想一想，因为本题的答案会展示出上一题答案的对立面。如果混乱的行为会让你生气，那么你肯定会觉得确定的结构很重要。结构从属于长期极点。）

〇当你需要好好休息恢复元气的时候，你需要什么？

〇你平时都如何旅行？

〇你认为什么算是非常糟糕的不幸，为什么？

〇压力下你如何表现？你需要什么来使自己重回平静？

〇你在冲突中的典型行为是什么？

〇你的伤痛之处在哪里？

〇什么事会让你觉得别人讨厌，什么事是你认为很难原谅的？

〇如果你中了乐透彩票，你会马上做什么？

〇你理想中的晚年生活是什么样的？

〇你喜欢自己的哪些行为方式？别人赞许你的哪些行为？

〇什么行为方式是你想摆脱克服的？

〇你在生活中最常接收到的关于你个人的评价是什么？

〇你和你的朋友们如何约定时间？

〇你是如何关心自己的未来的？

〇你会如何度过轻松空闲的一天？

当你把这些问题的答案在坐标中分好类以后，你就能知道，自己的故乡区域在四个象限中的哪一个象限分布多于其他三个，那你的重点就存在于这个象限中。在这里生根的行为方式和性格特征以一种特殊的方式成为你的典型，在这里，你感觉自己如鱼得水。大多数时候，典型特质对别人来说是显而易见的，而故乡区域中的其他部分因为和具体的情境紧密联系，所以并不明显。可能你想请朋友或者同事们对你个人进行一次评价，从而得知这些特质有什么影响。这种陌生评判可能与你的自我感觉相符，也有可能完全背离，因为观察者的感觉也一直受到他们各自故乡区域的影响。如果一个人的故乡区域主要存在于距离 / 长期象限之内，那么面对一个同样受影响的人，就会更偏向于去感受他的亲密或者转变部分。总之，我们从哪里观察，决定着我们观察到什么。

故乡区域光环中的关系动力学

人与人之间是否能够相处，或者如何相处，与每个人的故乡区域位于何处有关。如果你的工作风格是结构清晰且原则性强的，那么你会觉得专注而有效的交谈非常重要，并且想在谈话结束时达成详细且负责的一致（距离 / 长期象限的特质）。如果在时间方面的约定中，对方比你更加灵活机动，对于要谈论的话题摇摆不定，而且还随意地自行调整（“我们这样看……”），不按照约定的分工计划，那么这样的会议就会让你感觉非常辛苦。这种情况下想要彼此很好地相处，简直是一种挑战。这一类的情境会展开关于在工作方式中谁对谁错的讨论，情况很有可能就走向极端，人们开始相互拒绝和抱怨。

到了最后，甲抱怨乙顽固而又完美主义，乙又谴责甲杂乱无章又不可信赖。

练习

请从你的故乡区域出发，思考你会如何归类你认为难相处的对象。什么样的话题会产生最大化的紧张（极度紧张）？有没有什么隐藏在背后的话题？比如令人失望的期待或者侮辱，一直默默地参与着这样的共振？

李曼－托曼模型最大的用处在于，可以让人更深入、更好地理解一段关系中独特的动力学原理。当主要问题不再是讨论参与者中孰是孰非时，共性便得以识别，差异也能得到确定，最终就能找到紧张交际的源头。这样参与者就有可能看到，他们究竟该如何相处，或者该在什么时机保持良好的距离。当你潜意识里不再回响着“我全对，你错了”或者“你都对，我错了”之类的声音，而是认识到“我们是不同的！我们有不同的需求、工作风格和价值观。合作中我们认为重要的东西不一样，所以要想达成共识并不容易。但是当我们把寻求一个大家都能接受的模式作为共同的任务”的时候，许多冲突也就不会再令人精疲力竭。如果双方都能接受并且赞许对方的不同，那么我们就能看到，灵活性和结构性可以相辅相成，而这样的协同作用也会颇有益处。

这个观点在价值象限模型体系（舒尔茨·冯·图恩，2010/ 黑尔维希，1967）中非常明显：按照这个模型，每一种价值观、每一种品质都面临着过度夸张，而如果没有第二种品质来与之平衡，那么这种夸张一不小心就会步入消极。若是没有批评，赞扬便很容易变成阿谀奉承；若无赞扬，批评则又很容易变成令人沮丧的吹毛求疵。若没有灵活变通，结构性就可能走向死板；而如果丧失了结构性，灵活性则会变得混乱不堪不受约束。如果没有人去计划具体的实施方案、计算成本、衡量风险和推进相应的流程，那么再富有创造力和革新精神的想法也只是纸上谈兵。要想达到更多的相互包容，关键就在于辩证的思维，事情不一定非要“要么……要么……”，而是可以“既……又……”。

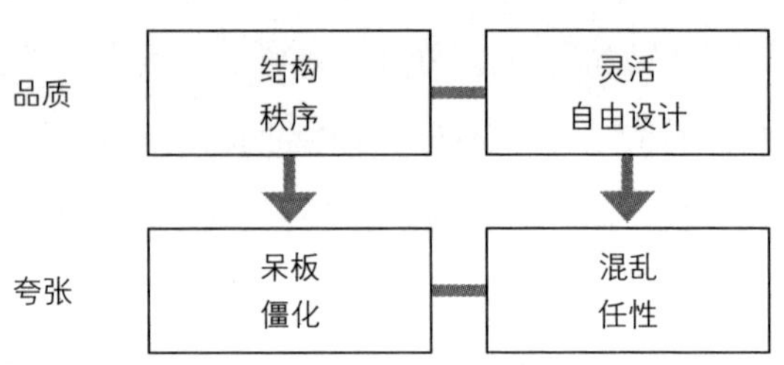

有时在与人相处的过程中，光靠好心好意和满腔热情并不能改善现有的状况。如果对方对寻求合作表现得毫无兴趣，一定也事出有因。其实，有人对这些难相处的行为背后所隐藏的动机和原因有兴趣是件好事。这样便有改善余地，而不是遮遮掩掩地继续僵化下去。

极端情况：群居动物、火山脾气型人、完美主义者和特殊情况

弗朗索瓦·雷洛尔德和克里斯托夫·安德烈在他们合写的著作《正常的疯狂》(2008)中介绍了病态的或者近似病态的人格，并且提出了与困难人格的人交流的建议。我将其中讲述到的一些类型与李曼-托曼模型中的四个极点相结合，总结出了一些在日常生活中多见的极端行为方式。每一种描述后都附有实用的建议，这样读者在与这些类

型的人交流时就可以有所注意，一方面能降低紧张程度，另一方面也可以做到自我保护。

群居动物

这种划归于亲密极的类型不但合群、善于交际，而且还与社会和他人的关注有着紧密的联系。就像只有依靠群体的保护才可以生存的斑马一样，这一类型的人需要并寻求与他人的固定联系，就像呼吸需要空气一样。这些很没有安全感的人最害怕的就是被独自抛下或者被排挤,从而受到伤害。被遗弃的可能性对他们而言具有很强的威胁性，以至于他们会竭尽所能去寻找并维持合作，就算其间不得不忍受一些他并不愿意的事情。比如，就算有恐高症，他们还是会和朋友们一起去爬山野游。这一类型的人，除了有较好的适应能力外，也十分乐于助人，他们会做许多事情来让自己受欢迎：不管是搬家时帮忙打包也好，照看小孩也好，还是帮人送信，群居动物类型的人会很乐意为他人做事，因为他们可以因此感到自己是被需要的。他们也不喜欢独自做什么事情，因为他们会感到空虚，这种空虚很快就会变成恐惧，这是他们最不喜欢的。他们过于热衷社交的特点，以及他们有时候甚至有些卑躬屈膝的适应性，会让周围人觉得很麻烦。在自己所处的环境中，他们会拿出全部的积极性，如果没有得到邀请，他们就会感觉自己遭遇了拒绝或者排挤。在做重要决定的过程中，群居动物类型的人需要从他人那里得到很多支持。这在别人看来，就是他对自己的判断没有足够的自信。那些自我贬低的观点如“我不行的，得别人帮我才能做好”影响着他们，所以他们也丧失了对自己个性的自信。自己的愿望和冲动，群居动物类型的人一般是保持收敛的，因为要冒着被别人拒绝的风险。他们一向追求获得别人的肯定。如果这种对于亲密和肯定的需求过于夸张的话，群居动物型的人可能会变得要求很多甚至开始道德绑架："如果你留我一个人，我肯定会难过。你自己心里清楚，你所做的……"

与群居动物型人相处的小贴士 如果你私下里或者工作中遇见了一位群居动物型的人，第一条建议：注意你自己的界限，不要为了避免冲突而突破自己的界限。如果不在正确的时机说出那个"不"字，就会大大提升终有一天你出于痛苦不得不开口大声说出那个"不"字的可能性。如果对于反感和愤怒你长时间都采取忍气吞声的办法，久而久之便会产生情绪阻塞。如果心口一致，那么当那位群居动物型人的名字出现在你电话显示屏上时，就是说出什么在困扰你的最佳时机。你越早这么做，就越有可能以一种容易消化的方式表达出自己的不满。一次足够清晰和谨慎的表述，对维护关系有很积极的作用，还会避免讲出那个"不"字。由于群居动物型人非常恐惧关系的终结，所以你在表达自己不满的时候要让他清楚地明白，你并不是在质疑这段关系。如果你不表达出自己的愤怒，那么分开的危险性会更大。

你可以在群居动物型人表现出独立性的时候对他进行强化，从而促发他的这些品质。如果他什么时候来询问你的建议，你应该首先问问他自己的想法。如果你想支持他，那么你应该让他明白他必须自己独立处理事情的这个道理，而不是直接代替他去完成什么，或者做什么决定（因为这个类型的人不相信自己可以做到）。当然你也不能直接下手干预，强迫他"最终学会独当一面"。撇开其中表现出来的还没把握的教育态度，你有可能适得其反：群居动物型人会对你的撤退和拒绝帮助感到十分沮丧。他的自我怀疑很有可能因此增长，并且他还会认为："我现在独自一人，而且一事无成……"

群居动物型人的基本需求并不在于交流，而在于交流的范围，这才是交往中他认为最重要的东西。一定程度上对他人的依赖属于人性本身，群居动物型人会有无法独自存活的感觉。所以面对一位群居动物型人时，一个批判性的表达是值得思量的：究竟是什么让他和他的行为使我不悦？如果我自己遭遇这样的行为我会怎么做？有时候别人让我们觉得难以忍受，是因为他们身上充斥着一些我们无法认可的东西。如果一个人自己是禁锢的、贫乏的、虚弱的或者绝望的，那么当他面对一个同样的人时，他就会有过敏反应。如果这发生在了你身上，那么你应该用自己的反感搞明白，这样你在与一名群居动物型人相处时反应就不会过于强硬了。

火山脾气型人

火山脾气来自20世纪70年代风靡一时的影视剧《星际迷航》——在进化的过程中，人们发展出了对情绪的极致控制力。他们的思维和行为模式都以逻辑为基础，所以他们是典型的距离极类型。由于这样极度客观甚至有些毫无人性的方式，火山脾气的人显得又冷漠又克制。谈论感觉或者心理状态对他们来说都很陌生。如果谁真的谈起自己的感受，那么他肯定会得到一句极简的回答"谢谢，好的"，并且带有非常明显的气氛指示，那就是更多此类的问题并不受欢迎。反过来火山脾气的人自己也很少询问他人的感受。如果他真的问了，这样的问题也不会让人觉得他在表达关怀，这只不过是对工作和功能的例行检查而已。所以火山脾气的人只有很少或者说完全没有情绪。来源于周围环境的信息似乎都在一个内部数据中心进行着处理，在那里，所有的经历、情境和他人的行为都会被分析和评价。他们十分注重效率，“感性”于他们而言是一个绊脚石，是一件必须避开的令人讨厌的事。这样的观点以及与此相对应的行为方式，给了他们一个冷酷而又麻木的名声。在交谈中，火山脾气的人从不拐弯抹角，向来都是直指重点。就算他根本就不认识谈话对象，或者很长时间没有与对方联系了（这两种通常都是需要花时间来慢慢建立交流关系），他也不会寒暄一会儿，或者缓缓地、逐步推进地进入谈话。有时候他还会打断对方，并且要求对方直接谈要点。他还会对所说的内容进行“扫描”，筛选出有价值的、有效用的信息。如果他没有直接得到丰富的信息，那他可就没什么好脾气了。如果他觉得一场会议或者一个报告无趣，他很可能会中途离场，或者开始检查自己的电子邮件，或者打个小盹，人们可以说，他“掉线”了。相反，如果说到了他认为重要的话题，他会立刻“上线”。他会不知疲倦地在对不同话题的需求之间来回高速运转。如果对方感觉跟上他的思路或速度非常吃力，火山脾气型人就会觉得对方在拖后腿。在一个火山脾气型人面前，有可能得到的典型的内心反应就是被拒绝的恐惧感和缺陷感。

你应该好好地吃一顿早餐，做好停留在火山迷雾里仍要保持清醒的准备。一个和被拒绝的恐惧感作斗争的人，在与一个火山脾气型人交流时会迅速搁浅。

与火山脾气型人相处的小贴士 最有帮助也是最难实现的建议就是，不要把火山脾气型人的行为当作是针对个人的。试着尽可能在客观层面上看待他的言行，在绝大多数情况下他就是如此想的。火山脾气型人的行为会对关系产生影响，也可能会引起对方的误会，但他们既不知道这一点，也不是故意的。如果有谁鼓足勇气阐述了自己的感受（“你的做法有时候吓到我了”），火山脾气型人很有可能会很惊讶地问：“真的吗？噢，怎么会这样？”更加强硬的火山脾气型人有可能在面对这样一个揭露自我的情境时，表现得非常客观甚至很不友好：“那就麻烦你自己更加自知一点！”

我建议你，尽可能短暂、简洁地与火山脾气型人进行交流，把和他的交流看作客观层面上的信息往来。如果你在私人领域遇到一位火山脾气型人，那么最好和他谈论当天的报纸新闻而不是你的情感烦恼。他可能完全不理解，你为什么会指望他在感情问题方面能倾听你的诉说。他会感觉自己被强迫了，从而选择逃离。

如果你的同事或者领导是一名火山脾气型人，他会判断，你在交谈中是不是有话直说。

准备好的数字、数据和材料对一次目标明确的对话是有益的。如果这违背你的天性，那么这样做可能会稍有安慰：把和火山脾气型人相处的时间缩减到最短。不要期待能在他身上得到多少赞许，他总是按规矩办事：不批评就是足够的表扬。如果你的自我价值感并不坚定，而且他人的认可和赞同对你来说很重要的话，那么不要试图从火山脾气型人身上找寻这些。奶牛身上是挤不出橙汁的！一位女经理人给我讲述过一个令人印象深刻的案例：“我曾在一个大项目上为她兢兢业业工作了半年，项目也取得了成功，我们举行了一次公司全体员工参加的庆功宴，然而她只是在休息期间，还是在卫生间里，对我说了寥寥数语：‘很顺利。如果还需要，我会找你的。’”

如果你还不确定，你面前的是一个略显克制的人，还是一个火山脾气的人，你可以在谈话中找机会（客观地、简短而精确地）解释一下，哪些行为方式会让你难以接受，它们给你带来了什么样的后果（关于这样谈话的建议你可以在要点“解释性谈话”中找到）。

完美主义者

完美主义者从属于长期世界。无论是工作领域还是私人生活，他们都在一种特别的程度上献身于细致性和准确性。他追求精确，所以过度热爱细节以至于眼里看不到整体的大局。完美主义者以超强的控制欲著称。

他们想要确定所有事情都真正正确地进行着，在此期间甚至会发展出强迫症。

案例：一家公司的老板想要对特定工作过程的经费进行优化处理。由于他眼里没有足够好的专家，于是他就自己着手操作，经过数周的工作，他研发出了一个改良版的评价系统。而令他极度失望的是，他无法用这个成果说服任何一个人：研发这个系统的开销远远超出了之前的优化方案。

完美主义者是被需求推动的，他手里的一切事项，都必须精准而又正确地完成。距离百分百的完美若有偏差，他就会感到压力，因为就算是百分之一的偏差，在他看来都与失败无异。完美主义者会非常固执地坚持一个观点，这在某一个具体的情况下是又细致又好的。他会在批评者面前极力维护这个观点，对既有约定和规则的遵守就是他的最高法则。他认为，如果所有人都严格遵循规则，那么很多事情都会变得更好。完美主义者还有很强烈的责任意识，无论对自己还是对他人都有很高的要求。他会定义什么是达到要求的、什么才算“足够”、什么才算“彻底”、什么才算“正确”。所以在他看来他周围的人都还做得不够好。他不能理解为什么有的人不像他那样追求计划，并且具有制订计划的天分。谁要是不按照他的要求来，谁就会被说成是不可信赖和吊儿郎当的人。他认为自己的观点和衡量标准都是客观的，并且相信自己一直是对的一方。和他产生冲突是非常令人头疼的，因为在他的自我感知里他从不犯错。

与完美主义者相处的小贴士 完美主义者分为两种：思考型完美主义者和极端完美主义者。前者自己心里很明白，他自己的要求不容易传达给别人，所以他得时不时地承受过大的业绩压力，尽管要承认这一点很难；而后者则全身心地认为自己都是对的，遇到反对意见他一定会捍卫自己的观点，就算可能会因此给一段关系带来持续性的伤害他也在所不惜。为了能和完美主义者没有压力地交流，我建议如下：

第一，不要把他当作控制狂并且嘲笑他。羞辱从来都只会对人际关系造成损害，特别是当你在和一位思考型完美主义者打交道时，你很可能会因为这样的言语触碰到他的某个伤处，从而引发一场暴怒；如果他身上还具备火山脾气的特质，那么你将会看到一种冷酷且尖锐的反应。那些认为他该改变自己的行为，以及认为他放松一些可能会更好的反馈，并没有什么希望实现。因为完美主义的基本信念几乎都是由他们至今为止的人生所决定的，根本不容易改变。

第二，如果你想要表达不满，那么请举出具体的例子、材料和数据。对完美主义者行为的批评首先会惹恼他，接着他会努力追求正确性，因为他不允许自己犯错。如果你能详细、精准地阐释你的批评，那么他理解起来也会容易一些。哪怕是在批评方面，他也追求缜密。

第三，试着把完美主义者的特质用到能发挥正面作用的地方。你要尊重一个完美主义者对结构和计划的需求。在同事中间或者在伙伴关系中，完美主义者的组织天分是很有优势的。如果他的任务是补充一种产品的重要信息，或者审核一份报告的草案，这时完美主义的价值堪比黄金！在私人生活中，其实他也可以发挥积极的、缓解紧张的作用，比如他可以为大家共同的旅途打听到最划算的航班。但小心还是需要的，完美主义者也有可能太过于热心为大家制订计划，以至于在为大家搞定了最好的航班之后，还把整个旅程都为大家设计好了。

完美主义者很难理解，为什么人们会有不同的需求。这是因为他们按照统一的原则而非个性来识别对秩序、可信度和结构的需求。如果完美主义者在一个以正如他习惯的守时或整洁为习俗的国家旅行，这自然是好的。但是多数情况他很快就能发现自己的认识是错误的，他的标准并不是在哪里都适用。

第四，如果你有一个完美主义者的老板，一定要拿出正确的、毫无错误的工作成绩，还要向他汇报你的工作进程。如果你展示出了自己的可信度，他就会一直信任你，并且对你少些控制。

特殊情况

世界上有一种人，周围人觉得他们难以相处，因为他们永远都围着自己转。这一类特殊情况从属于转变极，他们觉得自己超级重要，会慢慢地把自己的需求灌输到他人身上。和这样的人一起工作非常辛苦，因为他们很不可靠，而且很少或者几乎从不信守诺言。

因为这一特殊类型的人觉得自己特别重要，所以他们会期待从周围的人身上获得共鸣。他们渴望被认可、被赞美。他们把周围的人当作“镜子”或者是鼓掌的观众。而这种特殊类型的人建立一段关系就像是单行道一样，只有从对方往他的方向。相反的方向，也就是他们对他人的兴趣，看起来是缺失的。这种类型的人对许多人会产生一种吸引力：他既有娱乐性，又有吸引力和征服力。当他对他人的兴趣在寻求他人对自己的肯定中消耗殆尽时，他的吸引力便迅速降低。

特殊类型的人认为适用于所有人的规矩和法则都不适用于他自己，他有优先权，即有被特殊对待的权利。他们追求强烈的反响、更多的观众、辉煌的成功，希望成为焦点。所以他们没有顾忌，松弛而随意地对待事实，把他人的成绩拿来当作自己的成绩，或者是只讲述一部分事实。最主要的是，要确定自己能够得到周围人的赞扬和尊重。同时，当赞许者拜倒在他脚下时，在特殊类型人眼中，这个赞许者就失去了价值。卑躬屈膝的人对特殊类型的人而言是没有吸引力的。

与特殊类型的人交流的小贴士 与该类型的人交流，最主要的建议就是，严格保持一个安全距离！这适用于多个方面：在和特殊类型的人交流时，你最好放弃谈论自己的优点、业绩和成功。这只会给你带来不必要的麻烦。如果你的老板是一位特殊类型的人，那么你一定要正确地完成工作任务，但不要花过多的精力去取悦他。最好做他排位第二或第三的下属，这样他就不会对你太感兴趣，你也不会太受制于他的情绪。

赞扬。如果一位特殊类型的人真正值得你的赞扬，那么就给予他赞扬。但是对夸张和半真半假的回馈要保持克制。首先，特殊类型的人都有能很好地把真正的赞扬从阿谀奉承中区分出来的嗅觉。其次，过多的肯定有可能会导致你成为为他鼓掌的第一梯队。这样你就进入了他的焦点，从而变得有懈可击。

开放性。与特殊类型的人相处要有策略，你要好好思考，和自己有关的信息哪些该告诉他，该如何告诉他。要避免过于信任一个人。他很有可能会利用你的消息，从而有一天伤害到你。因为在他的规则里，他的利益高于所有人，这一条原则也适用于信任和保密。

批评。如果你要批评一个很难相处的人，请一定要深思熟虑，谨言慎行。这一条原则在与特殊类型的人相处时更是重要。较好的方式是，站在他的立场上，用他的视角，或者“牵扯”着他的观点来提出批评。例如：对他说“我认同你的判断……此外我还觉得较为重要的是……”比起直接反对这样的做法会让他比较容易接受。同样，在这里你也要保持坦率。正如已经提到的，特殊类型的人对操纵很敏感，因为他们自己就是操纵的主体。

定义底线。你自己需要搞明白，特殊类型的人身上，有哪些特质是你能接受的。或许自私自利和耍大牌在一定程度上你能够宽容。但有时候你必须十分明确地表明自己的底线，比如当一个特殊类型的人把你的业绩据为己有或者违法乱纪的时候。

这里讲述的类型当然也有混合的时候，比如“完美主义的群居动物”或者“火山脾气的特殊类型”。一个人身上的某种部分越极端，与他的相处就会越困难。

如果你还想和这些人好好相处，或者不得不与他们相处，那么你要考虑到，你为了友好相处的努力付出能不能自动产生积极作用。真正该努力的并不在于公平合理（这也会起到一定的作用），而是你个人的内心平和。一方面，当你把影响可能性充分利用到建设性的关系构建中时；另一方面，当你知道何时结束时，你就能达到内心的平和。

以上四种类型有一个共同点：那些令人讨厌的、引人注目的或者古怪的行为，原因都在于一种内在必要性。没有人是带着有问题的行为方式或者性格特质来到这个世界的。要记住这一点，每一个难相处的人都有自己可以讲述的故事，或许充满了沮丧、伤害和耻辱。当你和这些人相处的时候也要提防，别让这一点引领你的行为或者试图去“拯救”谁。不要只是因为你觉得这是对的,就去帮助一个难相处的人，尤其是自尊心很脆弱的人会对这种做法很敏感。你应该在难相处的人内心真正希望能在自己的难题上得到你的帮助，而你又不影响他的时候（一定要小心，因为哪怕是信任的人，你也可以是一种潜在的威胁），再出手相助。不过，你还是应该出于对自己的保护，把这事交给心理治疗机构或者其他专业机构来处理，他们才是处理这些问题的内行。

喋喋不休的、吹毛求疵的和自以为是的人

在上述的四种类型之外，其实还有很多其他难相处的人。我在研讨课上经常问，我们该怎么和那些吹毛求疵的、喋喋不休的还有自以为是的人交往。所以我想更进一步地研究他们。这几类人的共同点是，他们简直是强迫身边的人，多是过度强烈地去阐释自己的观点、反对意见或者其他想法。

喋喋不休的人

喋喋不休的人指的是不信任他人并且固执己见的人。他几乎不给别人向他提出反对意见、抱怨或者指出他不足的机会。研讨课上，一名同学曾这样描述他那位喋喋不休的同事："如果团队里所有成员达成了一致意见，那么克劳斯·彼得就一定要反对。他一直都在鸡蛋里挑骨头，那种斤斤计较的挑错还有对正确的偏执实在是让人受不了！在我们打算全体职工一起出行时，克劳斯·彼得先是确认了下他到底是不是必须参加，以及活动是不是符合劳动法规的规定。由于这次活动将在工作时间进行，参加的话会涉及许多事情，所以克劳斯·彼得想要从老板那里得到一份书面免责声明，上面要写明由于他在活动期间的缺席，两个客户的咨询他将无法处理，造成的所有后果与他无关。然后他又从法律部门拿来了此次全体出行的保险证明——还包括保险合同中所有相关条款的复印件。后来简直愈演愈烈，他还在出发前检查了租来的那辆大巴车的轮胎花纹。因为1.7毫米深的轮胎花纹比法定的轮胎花纹深了0.1毫米，他居然因此拒绝上车。而且他也不愿意换乘别的车，除非车辆的轮胎达到由ADAC[1]推荐的最低标准。这下老板彻底发火了。"

要是真的遇上克劳斯·彼得这样的人我们该怎么办？和他们相处的最大挑战就在于如何才能限制他，不让他对一切都持反对态度。为了照顾到团队的所有成员，老板放任克劳斯·彼得在拒绝的道路上走了太远，其实这无意识地使情况恶化了许多。如果我们把克劳斯·彼

①ADAC：Allgemeiner Deutscher Automobil-Club，全德汽车俱乐部，是德国最大的交通协会，总部位于慕尼黑，是个非营利性的法人组织。

得的行为看作一系列的测试气球，那么直到轮胎花纹检测这些气球都没有爆炸，其他人也能理解他的担心且还和他共事。喋喋不休的行为通常由四个动机促成，混合形式也很常见：

1. **寻求关注**。克劳斯·彼得想要通过自己的行为，让整个部门都按照他的想法办事。正如老话所说，“哪怕是不好的关注，也强过一无所有”，这个想法一直是他的动机。

2. **生气**。生气的或者失望的人会寻找所谓的次要战场，只为发泄他们心中的不满或者愤怒。比起和正确的人就正确的话题进行争论，他们会选择相比之下不那么棘手的话题。有可能克劳斯·彼得有些怪罪老板或者整个团队，所以他才这么做。

3. **恐惧**。克劳斯·彼得试图避免一个令人恐惧的情况，这也是可以理解的。正如前面提到的那些完美主义者，在安全感方面他们必须牢牢地控制住整个局面。在别人看来，计划一次整体出行可能就是一次团队的合作，而这在克劳斯·彼得看来简直是难于上青天！更何况，他在团队里的地位还不怎么高。内心恐惧控制下的模式通过这些检查行为会有很深远的影响（就算在没有真正威胁的情况下）。

4. **权力**。克劳斯·彼得持续的反对意见和行为也是一种和老板以及团队之间的权力斗争。这项斗争的题目就是：“我要证明，你们谁也不能强迫我做什么！”这种想法往往是和一些被强迫的经历有关：被强迫，被置于压力下，或者被置于某种情况中而自己没有办法反对。拯救的办法就是一种内在的决心：不让这些再发生。“你们不能为我做主！”这就是他们最基本的行为原则。这将会给他自己以及他周围的人都造成很多麻烦。

那么克劳斯·彼得的老板和同事们该怎么办呢？老板首先应该搞

清楚，他对克劳斯·彼得的忍让究竟还有多少，什么才算是触碰到底线，什么才算是越界。他不光要考虑自己，还要考虑到整个团队。只有当他明确地定义了底线之后，他才能去捍卫它。如果不明确的话，克劳斯·彼得就会一再地尝试，看看他自己到底能走多远。老板还应该跟克劳斯·彼得进行一次批判性的对话，谈话时应该首先向他指明他的行为所造成的影响。其次，应该尽可能地询问背后的原因。最后，要向他说明，如果他不作出改变会有什么后果。

如果克劳斯·彼得油盐不进，那么老板应该长痛不如短痛，迅速作出是否要结束这段聘用关系的决定。太过长期地宽容这样的行为，会给一个团队带来很大的损害。团队也可以对此做一些贡献，让克劳斯·彼得感到更多的归属感而不是排挤感，以便更好地做计划和完成任务。同时，界线还应该明确，不给克劳斯·彼得的破坏性言论留有空间。一个喋喋不休的人应该只拥有别人允许他的那么多空间。

吹毛求疵的人

对所有的事情、所有的人都爱挑三拣四的人，我们称为吹毛求疵的人。和喋喋不休的人相反，这种类型的人并不是出于做作的自以为是，而是一种内心的不满。人们很少能令他们满意，当下情况如何或者是否真的有什么令他不满意的原因其实都不重要。想要鸡蛋里挑骨头的人总有理由。如果你遇到了一个吹毛求疵的人，那么你应该仔细看看，他是一个长期的，还是一个“间歇性”的吹毛求疵者。关于后者，所有人都有过困难的阶段。

如果内心有压力或者太多不满，通过抱怨、吹毛求疵或者咒骂来减轻压力其实是健康的，而不要仅仅遵循“不要抱怨，埋头苦干”这条原则。

一种暂时的发泄策略变成了习惯性的行为，这就让周围人很头疼了——怎么办？

应对一个长期吹毛求疵的人，一个有效的策略就是忽略他的那些挑剔，并且不要给予他什么评论。在他那些惹人讨厌的行为背后，隐藏的无非就是得到别人关注的愿望。如果这个愿望落空了，那么你至少有了一个当时立即让他停止吹毛求疵的机会。另外一个办法是“曲解”他的那些吹毛求疵，把它当作暗示的需求或愿望来理解。问问自己，他话里话外究竟想要表达什么。比如“这无论如何都不行”这样的说法，表明他并不看好这件事情的发展。那么你就可以接着问：“那怎么做才能让它可行呢？”这样一来你就满足了吹毛求疵的人寻求关注的愿望，同时也把他的注意力转移到了他还需要什么而不是停留在什么阻碍了他这个问题上。眨着眼睛来个小幽默有时也能奏效：“那你是想就这么吹毛求疵呢？还是让我来完成这件事呢？”

自以为是的人

自以为是类型的人集完美主义者和吹毛求疵者的特点于一身。他喜欢站在一个以他所知可以闪光的地方：“我想有一种完全不同的做法！首先应该……”这样的做法在不同的情境中有可能会令人非常苦恼、伤心或者蒙羞（比如一个人在他面前暴露了弱点或是正在询问他的意见）。在工作环境中类似上述的说法既费时又费力，还有可能引发非常紧张的争论。自以为是的行为究竟是如何让人不悦的呢？

〇当他开始说话的时候，重点一定是强调自己（“看啊，我都知道我都会！”），其次才是事件或者话题本身。

〇至于别人的贡献从来都只是轻描淡写。他会将其用作表达自己观点的跳板，所以对一场活跃的、广泛的讨论而言，他的发言并没有什么意义。

〇他会激怒别人，谈话的气氛也会因为他的自私自利而变得令人不安。自以为是的人可以毁掉一个圈子，使气氛急剧变冷。

〇自以为是的人不以对话的方式发表评论，而是以“单行道”方式，即不管谈话如何进行，他一定会刨根究底地问究竟谁才是最终正确的。

如果你要和一个自以为是的人打交道，那你就得面对他的行为。你可以首先冷静而客观地描述你观察他的结果，然后再说说他的行为对你产生了什么影响：“当我们谈话的时候，你很少参与到讨论中，而且并不关心别人说了什么。你总是从专家的角度提出一个你自己的观点或者建议，而把别人都放在阴暗处，比如你总爱这样开头：‘我一直都是这样的看法……’我认为这样的讨论很无趣，所以宁愿不再开口。我为自己也为团队的业务进展感到遗憾。讨论的时间越来越少，而谈话也变得进度缓慢又令人疲劳。”

如果你愿意，并且觉得这大有希望的话，你还可以在最后表达你的期望：“我觉得如果你……会更好。”但是小心：这样的做法可能是恰当的也可能是不恰当的，这取决于你跟对方是什么样的关系。你们两人之间的角色形式（你们是同事吗？他是你的老板还是你的合作伙伴），这段关系的基本特征（喜欢还是厌恶），还有关系中已知的故障的程度和范围都是衡量适当与否的重要因素。

如果你是主持人的话，那么你可以在其他成员都发言完毕以后，再把发言权交给那位自以为是的人。如果他对别人的言论不屑一顾，觉得自己的观点无与伦比，那你可以这样巧妙地回击他：“您在自己的建议里所看到的优点，我已经十分清楚地了解了。但我还不是太清楚其他的建议，您觉得它们各有什么利弊呢？”

第三章

怎么建立关系

良好的关系需要自由和自愿。

——《帮你解释 1：困难谈话中心理疗师、谈话助理和主持人的手册》，克里斯多夫・托曼、弗里德曼・舒尔茨・冯・图恩，2003，第 201 页关系不是突然发生的，而是共同参与的交往过程的结果，我们可以从充满尊重走到马马虎虎，从细腻敏感变得不修边幅，从友好到轻蔑，从关心到冷漠。如何对待对方，以及如何看待彼此，都会表现在我们的每次交流中。除了言语之外，信息发出方的非言语信号，比如手势和表情等，对信息接收方的感受也起到很大作用。我们一直用一种方式对待对方，问题是哪一种？保罗·瓦茨拉维克说过一句话，“人不可能无法交流”，讲的就是我们相互交流的问题：我们不可能和对方毫无接触。如果你的老板早上没有从你这里拿走工作报告，你会有什么感受？要是一个邻居冲你微笑并且帮你拉开了门呢？如果你向一位同事求助,而她都没有抬头看你一眼就直接说没空呢？或者反过来，如果谁向你求助，而你恰好非常忙碌呢？陌生人之间，几秒钟的时间里就可能产生一段关系，并且很有可能和你手头的事情产生冲突。无论是短期的交往还是多年的关系，我们一直处在一种持续不断的“关系舞蹈”中，我们可以和谐相处，也可以暴力地拳脚相加。

你越清楚地认识你和对方相互发送了哪些信号，就越能对这段关系的构建产生积极的影响。从现在开始，我将用“关系”这个概念形容一旦两个人开始交流便产生的那种联系。这样一来，这个概念就包括了我们平时普遍说法中并不包含的短暂关系。现在我要从几个挑选出来的方面向你展示，关系的构建是如何被影响的。

关系层次

一段关系的质量除了会反映在谈话的内容里，也会反映在表情、手势、声调、身体动作或者谈话双方的话语分布中。你会表现得更个性化还是更程式化，热情还是高冷？你们的谈话围绕着什么主题，你们对彼此有多少信任？你们相互间是友好的、顺从的、骄傲的、专心的、拘束的、互助的、感兴趣的、无聊的、敏感的、生硬的、开放的、耐心的，还是拒绝的？舒尔茨·冯·图恩2010年提出了一种交流象限模型，把同一份表达中所包含的不同信息划分为了四类。

- ○事实性。（人们谈论的话题）
- ○自我性。（人们对自我的展示）
- ○关系性。（对别人的看法，对关系的看法）
- ○需求性。（想从别人那里获得的）

当我在超市收银台没能足够快速地付款时，收银员挑高眉毛说："几个小时了……"那么这句短短的话语里可能包含了以下信息：

- ○事实性。（耽搁太久了！）
- ○自我性。（我很烦了！）
- ○关系性。（你阻碍了整个超市！）
- ○需求性。（你赶快！）

其实就算在一段并非传统意义的短暂关系中，我们也可以清楚地看到，言语和非言语的信号在几秒钟之内就能对我们的相互交流产生影响。诸如表情、声调、说话方式和表达形式之类的非言语信号其实常常会比言语信号更加重要。语调或者说话方式更容易让人感觉到不恰当。

什么行为符合什么样的情境，我们会按照这个观点来建立每一段关系。这一点适用于每一个生活区域以及发生在其中的联系，无论是私人生活还是工作领域。我们所认为的“适当交流”受文化和社会习惯的影响。它们就像剧本一样给了我们一定的行为规范：当你作为客人进入一家餐厅用餐时，你会等着服务员走到你的桌前然后再点菜，而不是直接走进厨房去下单。当一位新同事来向你自我介绍时，你会跟他问好，说不定还会跟他握手并且也告知对方你自己的名字。不遵守这些礼仪礼貌的规则会让我们很困惑，因为我们把它们当作普遍规范。

相应的，违反规则的行为就会被我们当作是不礼貌的、粗笨的或者不适当的做法。在与他人的日常交往中，除了社会习惯外，我们自己的想象也会影响我们对“该”与“不该”的判断。比如“当一个人需要帮助的时候，他应该发问，而如果我可以帮他，我再帮他”，这样的想法便符合我们自我开脱的原则。如果两个人都遵循这条原则，那么他们会相处得很好。如果两人对于该如何提供帮助这个问题有不同的见解，那么他们之间就容易产生矛盾。

案例：杨暗自赞同一个观点，“周围人应该知道我的需求，并且应该提供相应的帮助”，而他的朋友克里斯多夫却认为，“如果谁需要帮助，谁就应该说出来”。杨正在计划搬家，他跟克里斯多夫说：“这周末我搬家。”杨并没有主动请求克里斯多夫帮忙，而是在言语间暗示了自己的需求。由于克里斯多夫并没有把他的话当作隐含的请求来解读，只是当成了一条简单的事实信息，所以他并没有提供帮助。杨既生气又失望，在他眼里克里斯多夫简直太不够朋友了。然而克里斯多夫自己却并不觉得内疚，他不明白杨为什么会生他的气。其实，把自己以为的不言而喻表达出来是有好处的，因为别人并不一定会按照我们的方式来认知这个世界，我们所认为的规范和适当，在别人那里并不一定就是理所当然。解释清楚的一个前提条件就是，要对自己的既有想法有所认识。所以杨在下一次与克里斯多夫见面的时候该说："我原本以为，告诉你了我要搬家你就会来帮我。所以当你没来的时候，我就很失望。"

这样的坦白不一定能阻挡矛盾的产生，但是对两人该如何相处的争执，一定比争执谁对谁错这个问题要好很多。

关系决定了我们的交流，而交流也决定着我们的关系。你和你觉得难相处的对方在交流层面上都发生了什么，是非常值得仔细观察的。

游戏规则

我们的行为遵循着一定的游戏规则，按照这些规则，一些行为在一段关系中是受欢迎的、被允许的，而相反，另一些行为则是不被允许或者是不受欢迎的。我们无意识制定的游戏规则，其实取决于对方。比如我的一个好闺蜜可以打听我和我合作伙伴之间的关系（我会因此觉得她对此事感兴趣），而如果我的客户问我同样的事情，我会觉得这很轻率。如果关系参与双方的游戏规则相悖，麻烦也就自然产生。只有在其他人做出我们认为有些"别样的"行为时，我们才会认识到自己的规则。我们不舒服或者不满意的程度，反映在对方的行为或者言论与已被（我个人）认可的规则相悖时。想象一下，你关上了办公室的门，不想被别人打扰。你以为其他人都应该先敲门，然后等你的那声“请进”作为进门的许可，而一位同事没有敲门就直接走了进来想跟你说些什么。

如果你想让他遵守你的游戏规则，那么你就应该友好地告诉他：“进来之前麻烦您先敲门，万一我正在打电话呢。”或许你的同事会立即跟你道歉，然后就没事儿了。但是如果你遇到的是一个难相处的人，他可能就会说：“敲门怎么可能有我的事儿重要！”或者：“你刚才又没在打电话！我想找你……”那么，按照现有的情况和背景你应该讲得更清楚一点：“你直接进来打扰到我了。如果你有事找我，请你敲门。”或者，还有一种更尖锐的说法：“现在我并没有给你谈话的机会。”

你对他人如何与你相处的疑惑，其实和他人自己的“关系定义”有关（舒尔茨·冯·图恩，2010）：他怎么看待一段关系？他对你有什么权利和义务？他向你提出了什么要求（反过来你对他呢）？他为什么会认为可以与你交往？就关系定义而言我们并没有深入思考，我们之间怎样才能一切顺利。如果在我的研讨课上，当我对一个生动的课题提出我个人的一次冲突实例后，一位女同学当场就向我提出治疗建议，无论对于我们当时的角色分配，还是我们所在的公共场合而言，我认为她的这个做法都是不对的。她的行为反映了她的关系定义：“我们二人就像治疗师（我）和病人（你）。作为研究心理障碍的专家，我从你的例子中可以看出，你有一个亟待解决的问题。所以我觉得，我需要告知你我的判断，并且向你提供治疗的建议。对在场的其他人，我也可以这么做。”

按照哈利（引自舒尔茨·冯·图恩，2010）的看法，作为一次关系定义的接收方，我有四种反应可能。我可以：

1. 接受。在我的答复中明确表示，我觉得这种关系定义没有问题，或者说：“噢，谢谢你的提议！我会考虑一下的。”但在这个案例中，无论从内容上看，还是从我课任老师的角色上看，这样的回应都是不恰当的。

2. 敷衍。你可以咬着牙忍耐着说：“一切都是可能的……”

3. 忽略。假装听不到她说的：“大家还有其他的看法或者问题吗？”

4. 反击。积极地标出底线并且阐明自己的看法：“就内容而言你不该作出这样的判断，而且我觉得你这样做很不适当。就算你是真心想要向我提供支持，虽然我很怀疑，但这样的公众场合显然并不是一个适宜的地方。”

不管怎样，我对此的看法是：这位女同学的一言一行都在说明她对本段关系的态度。如果我不及时回击，很可能我的表现就被当成了许可。那么相应的这位女同学可能就会得寸进尺地给我介绍一系列心理咨询师。之前我忽略了她的行为，为了不给她的言论更大的空间，那么最迟现在我也该还击了。无论对我们的关系还是对整个团体，这都会造成不良后果，因为她的关系定义对我在这堂课上的领导角色提出了挑战。

诸如此类的“关系手腕”在团队中尤其不容小觑！很可能在短短的几秒钟之内，一个团队领导就会因为一个不明确的反应而失去其他成员的信任。

案例：一个员工对一位同事提出了建议，而同事却批评道：“先做好你自己的事情再来掺和我的事儿！”你仔细想想这其中蕴含的关系定义。

面对同事的行为，该员工说：“我是这里的专家，你要么是一无所知，要么就是毫无准备，没有资格评价这件事情，你的批评全是废话。所以我要取消你的发言权。”这个时候，如果老板针对这样的错误行为不采取明确的措施（就算他非常生气，不允许在队里有这样不尊重他人的行为），那么这样的关系定义就会被视作可接受的，而老板手里的领导权也会被这个员工夺走。这对整个团队造成的后果就是，至少有一部分团队成员会害怕自己暴露在这位员工的伤害性言论之下。如果员工们不再相信老板会保护受人尊敬的同事，那么其他人也就不敢再发表意见了。

轻视别人的、激怒别人的或是越界的关系有时候是不容易看出来的。信息接收方或许会感到明显的厌恶、不满或者气恼，但是他并不能立马说清楚究竟是什么令他不快。直到他明确定义了那些不恰当的“暗流涌动”之后，这个情况才会消失。心理学家艾伯哈德·施塔尔在他 2010 年的文章《解放的艺术 —— 从与瘫痪的关系定义交流说起》中，把这种潜意识的关系信息和攻击现象拿到放大镜下进行观察，并提出了关于揭露和自我维护的有效建议。

你事后对那些批评的言行观察得越多，并从中提取出其中所包含的关系定义，你就越能在事情发生当时发现它，并且知道自己该如何应对。接下来的练习会帮助你提炼信息和练习如何应对那些令人愤怒的关系定义或者手腕。

练习

首先请你回想一下生活中遇到的难相处的人的某句话或者某种行为。他说了什么，做了什么？

1. 请你思考一下，他的行为或言论里隐藏着什么样的关系定义。

○在他看来，可以在你面前做什么、说什么或者向你打听什么？

○他如何理解与你之间的关系？在你面前他如何表现？他擅长什么角色：法官、地主、客户、陪审团、医生、教师、救援者、舞男……？

○他的话语或者行为会将你逼进什么角色：被告、仆人、服务商、求职者、病人、学生、受害人、不受法律保护的人……？

把提到的关系定义记下来。比如对那位不敲门就进你办公室的同事，就可以记录："如果我将一件事情判断为十分紧急，那么我的判断将拥有优先权和有效性。所以我不一定要遵循你制定的进门前必须敲门的规则。"

2. 请你根据以下问题思考，你自己如何看待和他人的关系，你的关系定义又是什么：

○你如何看待自己的角色，又如何看待他人的角色？

○你们相互间各有哪些权利和义务？

○对于他的关系定义，你赞成哪些方面，反对哪些方面？

就以上述案例为例，其中的关系定义可以如下所述："如果你真的有什么急事，那我也完全可以接受计划外临时进行一次谈话，但前提是，我现在有时间这么做。这并不是你的权利，而是我的一种妥协。"

3. 按照你的关系定义应该如何反应？一种可能是告知别人你的关系定义。你选择的明确性可能会造成对峙的局面，甚至会起到恶化事态的作用。如果别人反复地不遵守规则，而你想要明确表态，那么一场对峙就是适当的。如果行为中包含着一些疏忽或者不小心，那么就有第二种反应的可能。如果这种反应暗暗包含了上述第2点关于关系定义的所有方面，那么对方就更容易让步。根据我们的案例，应该作出如下反应："我对花费时间的意愿，与你花费时间去敲门的意愿是正比增长的。"这样的反应是按照下面三点来进行的：

〇你同时纳入了双方的需求（谈话的需求和保持底线的需求）；

〇你排除了不满或者生气等情感；

〇这是一种面向结果也面向未来的反应：它明确说明了目的在什么条件下才可以达成。

现在我们来看看关系构建中的另一个方面，也就是所谓的地位。地位和关系定义是并肩同行的，我们就是按照地位行为来彼此定位的。

地位

或许你还记得20世纪90年代储蓄银行的那则广告：舒伯特先生和施罗德先生在一家餐厅偶遇，他们非常高声地打起了招呼："不是吧！舒伯特！""施罗德！""天啊！多久没见了！看看你！"还没等两人坐下呢，施罗德先生就开始讲述他工作方面的闪耀成就，其间他还先后把三张照片拍在桌上："我的别墅！我的房子！我的船！"气氛显得有些紧张。两个男人交换了一下眼神，背景里还有很戏剧性的音乐。舒伯特先生也把那些照片拍在桌上：他的别墅！他的跑车！他的帆船！然后他拿出更多的照片夸耀道："我的淋浴！"（一座豪华喷泉）"我的浴缸！"（一个游泳池）"我的小木马！"（一匹马）广告的核心是：谁的生活更为富有？或者换一种说法：谁的地位更高？

地位这一概念指代的是一个人在一种社会结构中的位置。这个位置可以通过物质财富表现出来，也就是地位符号。奢侈品广告的效应正是以一种地位保障为基础的：拥有高档的、稀有的或者珍贵的东西，就能提升所有者在所处社会环境中的价值，并且给予他一种排他感。正是有了这种心理机制，豪车、名表和订制西服才卖得出去。尽管奢侈品的目标群体也知晓这个机制和其中的不合理性，但这丝毫不影响它的效用。地位产品使得所有者和他所处的环境产生一种联系，他们之间构建了一种关系状态：他——所有者，从属于一个上等的少数群体，和大多数人有所区别。

换句话说，如果没有一个人对劳力士手表有兴趣，那么劳力士就不会使任何人产生兴趣。哈雷戴维森[①]的市场代表对这种联系总结如下："买哈雷，其实是在购买一种生活感受的同时，免费附送了一台摩托车！"（《想想自己——抵抗的引领》，韦尔策，2013，第28页）

地位行为

地位不只是由角色分配、物质状态或者优先权决定。我们的行为也会决定我们的地位。比如说，有的人支配欲强，有的人则喜欢顺从。我们通过相应的行为、言论、声调、表情和手势得出判断。地位概念要回溯到凯斯·乔斯通这个人，他是一名英国戏剧顾问，同时也是现代即兴戏剧的创始人。他关注舞台上能在几秒钟之内强

① 哈雷戴维森（Harley Davidson），又译哈雷摩托车公司，是美国一家专为公路巡航设计生产重型摩托车的摩托车制造商。

调出两个角色（比如一位伯爵和他的用人）等级关系的行为。他尤其关注伴随或者加强这些地位行为的身体语言信号。乔斯通把它们分为高姿态和低姿态。

乔斯通认为，所有目的如下的行为方式都属于“高姿态”：

○为自己赢得尊重；

○强调自己的主权；

○展示优越性；

○费心费力地扩大自己的空间；

○掌握对局面的控制权。

高姿态在李曼 - 托曼模型十字象限中属于距离极点。尊重和独立是其引导动机。

–安全的状态
–正确的态度
–稳定的行动
–笔直的脖颈
–坚定的眼神接触
–占领空间的手势
–平静、清晰的说话方式
–预先确定话题/速度

高姿态信号

上文中所展示的身体语言特征就指示了高姿态。

属于低姿态的行为方式有：

○表现出适应和归顺；

○认可对方的优越性；

○缩小个人空间；

○减少自己对局面的掌控；

○协助补充高姿态。

低姿态的行为方式属于亲密极点。他们希望能在别人处博得好感，从而营造一种和谐的氛围。

–弯腰
–脊背不紧绷
–行动不安
–低头
–少量眼神接触
–触摸自己
–低声、快速地说话
–克制、道歉

低姿态信号

上文中提到的银行广告用于研究地位行为再好不过了。现在让我们戴上地位眼镜再来观察餐厅里的这一幕。事件从施罗德先生碰到老同学舒伯特先生并向他问好开始，他大声说话，吸引了餐厅里其他客人的注意力，直接进入了高姿态。他的行为表明了他和舒伯特先生的相遇非常重要，而餐厅里其他人的感受相比之下则不值一提。在相互问候之后，施罗德先生要求对方坐下，开始展示自己的优势地位，因为他想扮演一个东道主的角色。接着他通过鞠躬并询问“你过得怎么样”来缩短和舒伯特先生之间的距离。

相比之下，舒伯特先生的声音明显小了许多，他也从自己的角度出发，询问施罗德先生的近况：“挺好的，你呢？”而施罗德先生则张开双臂用响亮的声音回答道：“完美！”然后掏出一叠照片拍在桌上。施罗德先生想以高姿态信号占领两个“对手”之间的空间并且获得对方的钦佩。只看地位行为的话，我们还不能看出这对接收方产生的影响。场景是否圆满取决于对方的反应：这个地位行为要么得到认可，要么被提出疑问。如果舒伯特先生表现得很震惊，并且有兴趣继续了解详情，那么他就是以低姿态认可了施罗德先生的高姿态，这样一来两人关系就十分明确了。然而舒伯特先生并没有如此，他采取了反击，并展开了地位之争。他直直地盯着施罗德先生的眼睛，与他正面对抗（幼兽之间，直接的眼神接触是攻击行为的一部分）。舒伯特先生用身体语言强调自己的优势，施罗德先生也盯着他，并且继续宣称自己的高姿态。当舒伯特先生继续展示了不止三张，而是六张奢侈品照片后，他用自己的手段战胜了对手施罗德，成为该场景中的地位优胜者。

地位无所不在

地位存在于每一个情境中，避免地位的存在是不可能的。除了不断地定位，每个行为都必然带给对手一种地位结果，我们别无选择。这是相互作用的原则：谁进入高姿态，谁就把对方推向了低姿态，反之亦然。

地位关系建立于交流的第一瞬间。几个例子：

1. 一位顾客在面包店点了一个面包。女售货员说："还没轮到你呢！"（高姿态：谴责，顾客则自动滑入了低姿态）

2. 一位年长的员工对一位年轻的同事说："像你这样愣头青的时候，我也不懂这个。"（高姿态：自我阐述，年轻的员工被推进了低姿态）

3. 酒店前台，女接待员向客人道歉，因为他的房间还没有准备好。（低姿态：道歉，客人便被提升到了高姿态）

4. 迈耶小姐想从修理厂取回自己的车，但是修理还没有完成。机械师安抚地说道："别担心姑娘，今天肯定能搞定！"（高姿态：缩短距离，用并不适于这种关系的个人语气，使女顾客走向了低姿态）

5. 一位父亲用非常粗鲁的口气对他儿子的语文老师说："这本书无论如何你都不能让这个班读。"（高姿态：他提出了一个预先设定，由此将女老师放入低姿态）

人们通常有两种进入高姿态的途径，要么自己抬高自己，比如通过自我阐释或者其他的优势性手势（"我 20 岁那年和这个课题打交道时，就已经成功地知道……"），要么把对方推入低姿态（"你也会学到一些东西的，相信我！"），从而间接地把自己推向高姿态。

地位斗争

一次"地位强调"只有在对方接受之后才能生效。"地位强调"需要对方的认可，不然就会产生地位斗争。如果 A 并不接受 B 的高姿态，那么 A 可能就会自己走向高姿态，并且把 B 推向低姿态。这可以通过不同的方式发生，比如就上述两个例子而言，情况可能就会变为：

1. 女售货员："还没轮到你呢！"而顾客回答道：

○"我要十个面包卷。"（顾客忽略了女售货员的话）

○"那就麻烦您快点儿。"（顾客向女售货员发出了一份需求，并且把自己的地位置于女售货员之上）

○"你的管辖范围不是柜台之外，而是柜台以内。"（顾客对女售货员公开提出谴责）

○"我前面的这位女士没有什么意见，对吧？"（顾客夺取了女售货员的评判权，更改了信息接收人）

○"见到您我也很高兴！"（顾客讽刺地说道）

2. 一位父亲："这本书无论如何你都不能让这个班读！"女教师回答道：

○"教材是由班主任决定的。不过我还是很乐意听听，您有什么意见？"（女教师避开了事实层面并且搭建了一座桥梁）

○"如果您能心平气和地跟我讲讲你究竟哪里不满意，我也很乐意跟您聊聊。"（女教师提出了交换意见的规则）

○"这已经是板上钉钉的事儿了，不能商量。"（女教师向那位家长摆出了既定事实）

实例中的顾客和女教师都对他们被给予的地位作出了应对，而不是直接参与对方的行为是否恰当的讨论。他们用了不同的、从友好到轻蔑的方式。反应越是挑衅，就越能在地位问题上与对方针锋相对。

这时候对方就能决定，他是否愿意继续这场地位之争。如果他们真的想继续推进这样的争斗，那么女售货员就会说："我不伺候您！"或者那位父亲会说："我不跟你谈，我只跟校长谈！"

地位灵活机动

无论在工作领域还是私人生活中，要想和他人良好相处，我们都同时需要高姿态和低姿态。不同的情境中我们需要不同的能力和定位。试想一下，如果人行道上所有行人都坚持走自己的路，谁也不愿意让路，要是没有一定的向低姿态转换的灵活性，那么人行道上也需要交通规则来约束了。就算你和别人交谈并且想要从他那里了解什么的时候，低姿态也是需要的——专心致志地听他说话，跟随他的谈话思路，表现出自己的兴趣，都是低姿态的行为方式。谁这样做，就能把建立共同空间的先行权交给对方。高姿态的行为，比如时常打断别人说话，或者总是把谈话重点导向自身，不但无法达成目的，而且有时还会造成交际阻碍。

不过，在你想有意识地维护自己的利益或者权利时，切换成高姿态也是正确的做法。

例子：你想要对一件确定有瑕疵的商品提出索赔，但是卖方却并不理会。如果你就这么不了了之或者只是说"嗯，很遗憾"，那么就会给自己造成损失。

当一个人陷入地位行为的僵局时，问题就产生了。占领高姿态的一方，迟早会变得不仅有很强的自我意识，还会变得不在乎、冷漠以及自以为是。而一直受困于低姿态的那一方，则会被当作顺从甚至是卑躬屈膝。日常交往中，地位的确定往往不由两个极端的高或者低姿态来决定，重要的是一种“折中”。比如你帮某人把着门的时候，并不需要鞠躬，而你的老板（我希望）也不会时时刻刻提醒你，他是你的上级。

难相处的人和地位

信息发送方朝向“高或低”的地位行为，会给信息接收方一种预期。如果发送方自我定位高，那么接收方就自动滑入低姿态，反之亦然。但是接收方不一定非要接受这样的地位不可，每一种情境都需要自己处理。如果一个人拜倒在你脚下，那么此刻无论空间上还是地位上，你都处于一种被抬高的地位，不管你愿不愿意。如果一个人表现得对你不屑一顾，那么他就是想通过无视来给予你一种低下的地位。

如果谁的地位行为太过夸张（过于强烈的自我定位），就很可能会惹人生气：地位行为越夸张，给对方造成的地位后果就越极端。难相处的人往往会从一个极点出发，做出一些极端行为。他们会摆出极度的高姿态（自诩的、统治的、轻蔑的）或者极度的低姿态（奉承的、巴结的、没有自我安全感的）。他们自己的行为也让对方进入了一个想要从中解脱的极端位置。关于这一点，电视剧《犯罪现场》[①]中，明斯特病理学教授波恩纳的行为令人印象深刻。他始终在他身材矮小的女代理面前强调自己的优越性。他称呼她为“阿尔伯里希”（出自瓦格纳戏剧《莱茵的黄金》中的“侏儒”），并且把她当作自己的“女助理”，经常忽视她的代理人职位。他以更伟大、更有权力、更有才

① 一部 2002 年在德国电视一台播放过的电视剧。

干的对立身份出现在她面前。在第二章第三节“火山脾气型人”中我们也能看到类似总是高姿态的极端行为。他会具体地、情绪化地维护这种距离，并试图通过自己的行为从所处的环境中获得尊重。“特殊类型”的人在面对高姿态或者低姿态的时候，会以不失去内在的优越位置为目标。“完美主义者”会对一切进行评判，并且坚持自己永远是对的一方。而多数“群居动物”则会由于他们对和谐的需求，以及对归属感的强烈愿望而选择低姿态。

如果一个人越执着于某种特定的地位行为，越滑向极端的高或低姿态，那么这个人就越难以相处。

极端的关系提议会让交流变得困难，因为它会强迫对方作出定位。根据你自己在地位行为中灵活性的不同，对方的极端行为可能会触碰到你的底线。你是否倾向于为了和平相处，放任别人的某些其实你不愿意接受的行为呢？那么一个极端的高姿态行为可能就会让你心力交瘁，因为它会把你推向一个与他人对峙的位置。

试想一下这样的情境：当你询问最近何时可以预约时，一位医生的预约安排助理非常不耐烦地回答道：“就算你在整个季度开始之前来也约不上！”你可以以低姿态接受这个答复（“噢，我不知道需要提前这么长时间预约……”），或者以一个高姿态进行反击，比如：“如果您这里这么满，那么给我一次电话问诊就够了，电话里您正好可以给我推荐一下别的诊所。”可能你认为这个场景还不值得你做出这样的回应，但你可以自行选择是维护自己的利益还是就这么算了，而不是被事情所左右，能自己做决定也是好的。如果你想在难相处的人面前明确自己的地位，那么第一步就是，透过“地位眼镜”来观察这场交流。

练习

请你设想一个和身边难相处的人的典型交流场景，思考：

○他在其中处于什么地位？

○他是怎么做到的？

○交流内容中最令你厌烦的是他的谈话行为（比如阻挠、打断），还是他的身体语言？

○你的自我定位如何？你是怎么做的？你发送了哪些言语和非言语的信号？

○你之所以处于这样的位置，是你自己主动决定的，还是被迫如此反应的？

○在该情境中，你的目的是什么？请把你的目的和你的地位行为放在一起观察：它们互相契合吗？如果有必要，你该如何改变自己的地位行为？

有目的的地位行为和操纵一样吗？

在一些情境中，人们为了达到自己的目的需要刻意地进入高姿态，比如获得安静或者争取合作机会。以下两个案例能够说明这一点。

案例 1： 由于不喜欢，所以超过退货有效期之后你还想退换一件商品，这时候你就要指望卖方是否有意愿了。如果你以低姿态表达自己的请求（“我知道，我现在没有退换货的权利，但我仍然想拜托您……”），而不是以高姿态（“这些年你从我这里挣了那么多钱，就凭这一点，我也要……”），那么成功的可能性会增大很多。

案例 2： 一位同事拥有一个马厩，他跟我讲述了他和他们村子里一位很难相处的村民打交道的事儿。通往马厩的那条路是骑马的人出行时的必经之路，所以路上时不时会有一些马粪，对此，一位坐轮椅的村民很是不满，因为他的轮椅上总会粘上一些粪便。

这个愤怒情有可原。然而他的抱怨并不是一种陈述尝试，而更像是法庭诉状。当他遇到骑马的人时，他说："我要让你看看！你不能在这里骑马！"后来他甚至还跑去市长那里告状。之后有一天，马厩主人走出院子时正好碰见了这位坐轮椅的人，他停下来想要跟他好好谈谈。坐轮椅的人却与他对峙着，跟他唱反调。马厩主人并没有以高姿态参与对峙（"谁允许你在这里为难那些骑马的人了？"），而是有意识地用低姿态表达了自己对他愤怒的理解。坐轮椅的人强调说，那些骑马的人就是为了惹他生气，所以故意让马在这条路上拉粪。遇到如此刁钻的言论，马厩主人依然应对得游刃有余。他说，如果真的是这样，那么告到市长那里去也是理所应当的。这一反应终于让坐轮椅的人相信，马厩主人是真心来与他寻求和谈的。谈到最后的成果是二人最终达成一致，马厩主人定期请人来清理马粪。从此以后，那位本来唠唠叨叨的人在路上也保持十分友好的态度——因为他觉得自己的不满和需求得到了重视。如果马厩主人当时表现得非常冷漠（"你有什么资格在这里说话？"）或者拿出自己对这条道路无限制的使用权来说事，那么今后骑马的人再想出行，说不定就得多年忍受这种非常恶劣的邻里关系了。

案例中的情况能发生质的变化，全靠马厩主人十分可信而认真地表达了想要替邻居找出解决办法的意愿。

他内心里处于高姿态，十分清楚事情本身以及自己的权利，所以外在可以表现出低姿态，还用很好的交际手段处理了整件事情。谁内心有高姿态，谁就可以灵活地按照具体情况把自己定位得高或者低。这个案例中，和难相处的人交流最中心的问题是：你想要获得权利还是达到自己的目的？很多人会陷入对“权利获得”的争抢中。对此我想说：矛盾冲突越升级，最初的目的就越会被战胜对方的欲望取代。到了最后，人们都不在乎自己最初的目的是否达到，而只关心有没有击败对方。在众多地位多样性中，我们其实应该选择目的引导型的做法。但是并不能以损害你的可信度或者使你变得醉心权谋操纵为代价。权谋操纵的界限是模糊的，行为的可信度最终要由你的目的和你内心的态度决定。你内心越是灵活机动，无论是朝向低姿态还是高姿态，你都越可信。但如果你仅仅把地位当作一种手段，而不是真正想要这么做，那么这就是爱耍花招、为人阴险的做法。比如拿最初的目标为退货的案例来说：如果你友善的退货请求没有达到预期的效果，你就气急败坏地给卖方老板打电话，这时候你就会被谴责玩弄手段了。

忠于目的的地位行为何时结束，玩弄手段的做法何时开始？如果你满足以下条件，那么你就处在玩弄手段的道路上了：

1. 为了自己个人的好处施加影响；
2. 忍受或者故意做出有害对手的事情；
3. 有意不让别人看穿你的手段。

内心态度起决定性作用

当一个人的身体语言和他的行为契合时，我们才会觉得一个人是可信的。相互矛盾的信号会让我们疑惑。在有怀疑的情况下，身体语言对于我们理解一种行为有关键作用。如果一个人低垂着肩膀、嘴角向下地说他一切都好，我们肯定不信。我们反而会觉得，这个人其实过得并不好。

身体语言不仅能表达一个人身体和内在的感觉，也能体现出他的心理感受和“态度”。你肯定有过这样的经历，一个人肯定了一件事情，但其实他只有一半的确定性。就算刻意控制，他的声音和表情还是会反映出这种犹豫。心口不一的表达无法令他人信服。如果你想要说服别人，并且有效地自我定位，那么你不仅要注意自己的行为，还要弄清楚自己内心的态度。对地位行为来说也是如此。如果你内心清楚又信服，那么你便可以很轻松地适应与之相应的地位。但如果你内心是低姿态的话，就算你发出的都是想要展现自我肯定的积极高姿态信号，在别人看来也是做作而又徒劳的。

内在的行动性是灵活切换地位的前提。谁更有能动性，谁就能更容易地掌握主动权，因为能有意识地维护自己的观点，并且善于应对。有时候我们内心的力量会阻挠我们这么做。有一些在生活中已经形成的内心的戒律（或者禁令），会有制动、阻碍、弱化或破坏的作用。它们预先确定了一个人该是什么样，该做什么或者该接受什么：“你必须……”“无论如何你也不能……”诸如此类的规则束缚了内在的主权，因此一些在某种情境下为了占据主动位置而必要的行为方式会被它们批评为该被谴责的、坏的或不恰当的。

这里举几个例子：

○“你要对你给别人造成的后果负责。”

○“坚持到底才能成功！”

○“谦虚是种美德！”

○“别这么没礼貌！”

○“这跟你没关系！”

○“男子汉不能示弱！”

○“你要一直保持礼貌。”

○“别在别人面前这样！”

在第五章中你将学到，如何看透这些内心的刹车片并如何克服它们。

关系中的信任与权利行使

一段深入的关系其实是一种不断发展的联系，人们分享的经历会成为大家共同的财富，所以身处一段困难关系中的人们如何相处就更为重要了。通常情况下，共同渡过危机之后，信任之墙便得以建立，并且比由愉快和轻松编织而成的纽带更为紧密。没了信任，人们便无法相处。每一次相处中都存在着风险和挑战，你永远无法确定别人会有什么反应，别人会怎么回答你或者怎么对待你；就算有多年的老交情，你也无法百分之百地预测正确。所以如果对别人极度地肯定或者信任，那么往往失望也会特别大。“你怎么能这样？”在别人做出令你深深震惊的行为后，你往往会这么问。

案例：朱迪丝有一个想法，就是去蒙特利尔[①]住几年，并且在那边的分公司谋个职位。在她完全确定是否要跨出这一步之前，她并不想跟任何人说起自己的计划。所以，在她作出这个决定并且分公司也

① 加拿大城市，位于加拿大魁北克省西南部。

给予了她一个新职位后，她才告诉了自己的闺蜜也是她的同事莎拉。莎拉觉得很不可思议，她们一起度过了一天又一天的午休，朱迪丝却从未让她知道这个想法。为什么？莎拉觉得自己被欺骗了，她的信任也开始动摇："我还以为我们是朋友……"朱迪丝在一切都有了眉目以后才开始谈起这个新动向，而莎拉原本期待着，朱迪丝一开始有这个想法的时候就会告诉她。比起好朋友就要出国的事实，更让莎拉难过的是，她清楚地认识到此刻朱迪丝对信任和关系（"我们什么都彼此分享！"）的看法与她不合。

人们无法预知别人的反应，这也解释了为什么人们在派对上、在新的工作地点或者培训活动中，首次与陌生人打交道时会感到紧张。人们所处的这块土地还是未知，它究竟会这么一直荒芜下去，还是会成长为绚烂多姿的花园，是由这块土地上的人们彼此分享和相互交流的方式决定的：他们是否相互倾听，记下关于亲密或者疏远的信号，是否关注彼此、交流想法和观点——简单地说，就是他们是否愿意认识彼此。谨慎的交流和相互的好感会提升信赖程度，别人让我感觉到善意，我也可以冒险与他分享我的想法、计划、观点和感受。一段关系就好比一间人们可以在里面互动的屋子。随着时间的推移，经历了相互信任的屋子会变大，于是它能容纳更多的话题和深入交流。但只有当你确定对方愿意与你交流时，信任才能增加。如果你感觉到对方只是为了从你那里得到什么特定的东西才对你表示兴趣，那么就会产生单方面的失望和误会："他这么做只是为了……"或者"她肯定是想让我……"

日常信任和情绪信任

我将信任划分为两种：日常信任和情绪信任。日常信任在人与他人互动的时候很必要。当一位领导给下属分派任务时，他一定认为这项任务是可以被完成的。也可以说，他信任自己的下属。如果没有了日常信任，合作关系在我们这个复杂的世界里就不可想象了。我们一直都相信，在一条流水线上，别人先得完成某些任务，我们的工作才能开始。如果日常信任长期受损，那么工作的质量以及结果都会受到影响。光靠严格的规定还有领导层的许可，长此以往也没什么弥补作用。如果为了弥补信任的缺失而制订规则，规则订立越多，就越会造成一种充满以自我为中心、不信任、范围和责任划分严苛的文化氛围（“这又不归我管！”）。

情绪信任的涉及面更广。如果我们对一个人有情绪信任，也就是说我们信服他的正直，在他面前我们感觉被认可、被接受。情绪信任产生于我们从一个人那里得知了一些私人情况时，产生于他的特点、独特之处、思想、感受、观点和经历都可见的时候。通过这种方式的信任，如果是彼此互有的，就能产生可靠的关系网。相互信任的人可以相互依靠、相互指望，在困难的时候可以相互支持。困难的关系常常源于信任的崩塌，或者从一开始就无法建立信任。怀疑、误解和消极的指责会决定彼此的看法，毒害气氛。一开始的良好关系可能会发展为对彼此感到失望，以及迫切想要自我保护。最后，对方从亲密和信任的时光里就只能看出伤害和缺点了。不断上升的不安感甚至有可能导致攻击性行为。

攻击和权力运用

攻击可以表现得直接而公开，比如通过指责、抱怨、咒骂或者威胁。当然攻击也可以下意识地表达，比如令人生气的冷漠面孔、信息的战略性回撤或者无视。为了击败对方，人们就会开始运用权力。谁掌握了权力，谁就可以至少在短时间内造成对方的无能并且给予打击。

在激化的过程中，实现自己最终的利益会比维护关系的存在更为重要。这会带来戏剧性的后果，那就是关系会受到沉重的打击，因为谁以牺牲他人或反对他人为代价来达成自己的目的，将来就会有一个反对者，甚至是一个敌人。

案例：彼得和保罗两兄弟生活在不同的城市。因为父母看起来已经无法自己照顾自己，于是兄弟二人就面临着一个将来谁照顾他们的问题。彼得拥有两套房产，一套自己和家人住，一套不久前租出去了。在共同商议之后彼得打算让父母搬进那套房子。当他想要让父母来支付房子翻新的费用时，兄弟间爆发了第一次争吵，一些老矛盾又被摆上了桌面。保罗指责彼得从中获利："你让爸妈花钱给你翻修房子？！"彼得指责保罗从来不关心父母，把所有的事情都推给他："是谁成天开车送爸爸去看医生，送母亲去做头发的？！"保罗觉得自己被约束了，他不想再让哥哥教训自己该怎么孝顺和照顾父母。彼得反过来却觉得所有的责任都落在了自己的肩上。他一直都在唱独角戏（"你想要发表意见的话就多来看看！"），做什么重要决定更是全靠他一个人。在保罗认定彼得开具了对父母银行账户的授权以后，情况更加恶化了。保罗觉得自己被一脚踢开，落到了后面，因为他怀疑彼得背着他偷偷从父母那里发了财。

母亲去世后，父亲就搬进了疗养院。兄弟俩很长时间没有再说过话。保罗认定，这些年来彼得捞了不少财产，他时不时从父母的银行账户中支出一小笔钱，但这跟他每天照顾父母所花的时间完全不能相比。当保罗与彼得谈判，要求重新分工时，彼得拒绝了："我绝不会这么做，你就别白费脑筋了。我只是有权限，就这样。"在多年累积的气愤、失望和委屈中，一场权力斗争开始了。但保罗的手里握着一张王牌，父母在搬家的时候租了一个仓库来存放那些没法搬到彼得房子里的物品、画作和古董。在最后一次去疗养院探望父亲的时候，保罗拿到了这间仓库的钥匙（"为保险起见！你已经看到了，彼得把什么都紧紧攥在自己手里！"）。当彼得对分工安排拒不妥协的时候，保罗回击道："如你所愿。那我就拿父母所有的收藏财产作为我的补偿！"这时候彼得变成了那个感到无力的人，他由此产生了杀人的愤怒。这场争端最终通过法律判决得以平息。这样的结果也造成了兄弟俩关系的永久破灭。

想打权力牌的人必须清楚一点，那就是你在拿整个关系冒险！如果实在没有其他维护自己利益的办法，或者说这段关系对你而言已经不（再）重要了，不到万不得已千万不要走这一步，否则你将会付出惨重的代价。

我的建议是，好好考虑清楚权力运用带来的后果。它可以是小型的最后通牒（如果你不……，那么我就……），或者是通过破坏活动或诽谤造成的故意伤害。谁建立了权力对比，谁就将关系改变为了上下对比，另一方将动用一切手段捍卫自己。尽管如此，你还是可以采取拒绝合作、公开反击的方法。简而言之，反抗是对付权力运用的有效之策。

反抗

“我遇到了愤怒之下的反抗！”反抗是一种多面性的拒绝反应。有的人采取“封闭措施”，拒绝交流，表现得很不耐烦，把别人的话都当“耳边风”，阻挠合作，或者自我隔离，这样对方就会有无望、生气、受挑衅、不被理解以及被排除在外的感觉。

案例：贝尔格女士很无语、很生气。她的员工克妮瑟尔女士拒绝遵守一个新约定，也就是今后只能通过新的软件程序才能向公司的信息技术部门寻求帮助和支持。该程序旨在提前将各种询问分类，从而把信息技术部门用于解释的时间花费降到最低。由于这个新程序在一些老员工中引发了一点不安，所以所有人都要参加一个衔接培训。克妮瑟尔女士在两轮可以报名的培训时间里都请了病假，于是贝尔格女士认为克妮瑟尔女士请病假是在表达自己无声的抗议。

然而她不敢把这种怀疑讲出口。“我不能硬说病假是处心积虑的。一旦这么做，我就搭上了所有信任的基础。”贝尔格女士越来越生气。她原本还指望着同事的合作，现在她不知道该怎么办，不知道怎样才能让克妮瑟尔女士接受这项新程序。

你现在可能会想：女老板必须有条理地向员工解释清楚，公司里容不下她这样的行为。这就是一种典型的反抗措施。相应地，产生反抗的情况也会更有升级的危险。升级是双向的：克妮瑟尔女士会进一步加强自己的拒绝态度，而她的老板贝尔格女士便会不再信任克妮瑟尔，想要控制局面，然后下达命令。让我们把目光投向事件背后：是什么引领着人们的行为？反抗的意义何在？不管是沉默的“筑墙”行为，还是好斗的反抗行为，反抗通常都有一个目的：抵抗自己感受到的侵略或者干涉。维护自己的主权或者重新建立主权。人们只有在遭遇到伤害时才会产生反抗行为。当事人如果不用这种方式划清界限，会很害怕失去什么或者觉得自己不受保护。他感觉到压力，试图维护自己的自由，并且他除了这种反抗行为没有别的选择。对压力的感知是十分主观的事情，而压力对人的影响也是不同的。有的人在某种情况下感到很大压力，换个人或许会觉得既不勉强，也不受束缚。所以，讨论反抗是否存在一个“客观”的原因是没有意义的。

就算没有故意给人造成压力的目的，压力感觉也有可能产生。一个人在什么时候、什么条件下才能从内心感觉到压力，以及反抗究竟有哪些形式，要回答这些问题，让我们先重新来看看李曼 - 托曼模型：

○亲密型的人会在别人强迫他进行对峙时很快感觉到压力。反抗的形式多为沉默寡言和拒绝合作。

○距离型的人会在别人的决定权高于他，或者至少给他有这样的印象时产生压力。他的压力反应会是公开的防御、撤退或者分开。

○长期型的人会在别人就敏捷度和灵活度催促他，而这又与他自己的基本需求不相符时产生压力。他可能会表现得很顽固，坚持反驳，提出反对意见（“对，但是……”）。

○转变型的人会在别人想要强迫他产生联系时感到压力。他会表现得很躲闪，看起来似乎是认可的，但其实还是做自己想做的。

简单来说，当我们束缚了一个人与极点相关的基本需求、引起了他的恐惧或者在什么方面过分苛求了他，我们应该估算一下他的反抗行为。一个人越觉得自己被压迫了，就越容易产生反抗。也可以换句话来描述反抗机制，那就是一个人伸出了他的“调整垫片”。

绕开反抗

如何与一个有反抗行为的人相处？要对对方的动机和需求产生兴趣。这堵墙后面隐藏着什么？他为何斗争？他在抵抗什么？他想避免什么？还有，他表现出这样的行为，有我造成的原因吗？如果我已经做好了准备，接受他的行为（我并不很欢迎和认可）有一个很好的理由，那么能跟他成功进行一次对话的机会就明显增加了。

案例：一个 3 岁孩子的母亲感到压力，她必须尽快完成要交给老板的文案。但由于上午乱哄哄的，她一直被打扰，所以直到中午还没有完成起草。她只上半天班，然后得去托儿所接她儿子。她现在焦头烂额地在想，晚上怎么也要腾出半个小时的时间安心工作。她的邻居也有一个小儿子，和她的孩子是好朋友，他们经常一起玩，大多数时候两个母亲也很乐意。所以现在她自然就想到去跟那位妈妈说说。但一号妈妈并没有非常友善地询问别人是否可以帮忙照看一下她的孩子，而是非常强势地出现——一个人在有压力时经常发生的现象——然后说：“你，我今晚得把卢卡斯放在你这儿半个小时。我想现在轮到你了，之前都是我经常照看他俩的。”二号妈妈于是就说了：“喂，这不可能！更何况我每天晚上都有客人来，对孩子并不是很好。”她以这样的方式来反对一号妈妈提出的无理要求，然后关了门。

颇有意思的是，其实二号妈妈从来不反对帮别人照看一个小时孩子，但她希望别人能询问她而不是直接来要求她。一号妈妈遭到了拒绝，因为她无形中将自己的压力传递给了别人。面对他人这样的决定，以及别人对她照看孩子时间少的暗示和谴责，二号妈妈选择了维护自己。在压力情况下提出的“合作建议”，经常会败在反抗行为上。我们往事件背后看看就会明白，对方到底在反对什么。与反对打交道的基本原则是：试着尽量详细地搞明白。如果你仔细调查，你就可以杜绝很多像这个案例中针对假象（孩子们可以每天来访）的讨论。反抗行为的其他原因还有：

○苛求：对某人过度要求了。思想上、时间上或者内容上都不能再承受了，所以受阻。案例：争吵之后，一位妻子想在早晨和丈夫好好谈一谈。而丈夫刚忙完一夜的工作，回家只想休息。他觉得自己被逼迫了，所以表现得脾气很暴：“别拿你那些心理垃圾来烦我！”

○业绩压力：业绩方面的过度苛求可能会让人拒绝某项工作，因为他看不到工作的进步。案例：孩子们在面对极大的学业压力时往往会说：“我无论如何也做不到！”

○恐惧和羞愧：一个人很害怕遭受身体上或心理上的伤害，所以拒绝承担一项特定的工作。案例：一家医院的档案管理部门在医院搬迁之后，要把装满档案的箱子搬进新的档案室。其中一位员工身患疾病，她一弯腰就会头晕眼花得厉害。她不喜欢说这事儿，因为这让她觉得很不好意思。所以她的做法是：“我又不是必须要做这事儿，谁也不能强迫我！”

持续的反对可能会指向未能解决的冲突。谁遭受了不公正待遇或者被人忽视，都会拒绝合作。所以请你检查一下，你面对的反对行为是不是与某个短暂的现象有关，对方表现得格外激动，或者你和他之间是否存在些什么能导致关系恶化的原则性问题。

尽早识别预警信号

下面许多信号都能反映一段关系出现了偏差。认真看待这些信号可以对一些缓慢增长的破坏性发展起到预防作用。

○你感到心里有一种时不时就会浮现的怨恨，并且会被当下的一些诱因迅速点燃；

○你觉得和他人的交往是一种慢性疲劳；

○你尽可能地避开与他人的碰面，并把交流减少到最少；

○信息只是单方面的搜集或者完全没有搜集，你有一种不得不跟在别人后面跑的感觉；

○不遵守承诺，将责任推卸给他人（“他本该……”）；

○约定俗成也不再是约定俗成：反复出现的约定、一种习惯、一种利益或者一种流程突然就被打破了，理由并不成立，或者只有一些表面作用；

○你的感知向来是批判的、严格的、怀疑的、不高兴的，而且越来越在意别人是不是想要占你的便宜；

○交流期间，你的语调是紧张的、挑衅的、拘谨的、犀利的或者谴责的，错误是不能被容忍的，而且会被过度厌烦。

如果你长时间在自己或他人身上观察到一个或多个类似这样的信号，那么这段关系很有可能正面临着危机。对于一段关系来说，只要其中有一个人有这样的感觉，就危险了。如果你不直接询问，那么就只能推测他人的感受。如果你想要积极地寻求关系改善的话，根据这段关系的具体情况和发展历史，你可以“胆大包天”地采取如下措施：

○批判性地反思你在这个情境中的作为：无论有意识的还是无意识的，看一下你有哪些作为加速了本段关系的恶化；

○有建设性地做事，比如对待他人挑衅的言语不要以可能恶化局面的措施来应对；

○和对方进行一次解释性的谈话。

走出关系恶化的第一步，也可能是最重要的一步，就是认真对待预警信号，并且读懂它们的含义。双方对关系的健康和承载能力都有责任。不论你是否想要改善这段关系，这都只是你为自己作出的决定。所以别人很有可能并不参与你对改善关系所做的努力。这个角度有两重含义：第一，这个角度包含了一定的自由度，谁参与在情境之中，谁就不会任人摆布；第二，这个角度强调了个人对构建情境的责任。

谨慎对待自己

除了观察和分析之外，鉴于个人的心理状态，身体信号也能成为颇有价值的信息来源。你越透彻地审视自己，就能越早地发现变动和压力。有意识地感知身体方面的感觉，是以自我改善或者克服问题为目标的治疗和咨询措施中的一个组成部分（比如在“对焦”或者“苏黎世资源模型”[①] 中）。这里我为你介绍一种可以锻炼自我认知的练习。这个练习的一个优势在于，你可以同时关注情绪和身体方面的感受。通常，我们并不会批判性地去看待身体信号或者受阻感，因为它们经不住理性分析。头和肚子虽然关系着两个完全不同的评估系统，但是它们可以相互补充，从而对一个情境作出整体的勾勒。

或许你知道一个带给你受到批评时或被发现错误时那种不好感觉的情境。我们会对与该情境相关的经历进行无意识的评价，而这种评价的结果就是一种隐隐的无法言说的直觉。而无意识进行评价的过程会对短时间内建立在经历基础上的决定造成影响，从而迅速确立该做什么的方向。你可以搜集这些感觉信号，然后让它们在你的思维中发挥作用。

练习

请你放松地坐下，把两条腿分别放好（不要交叉）。脚踩在地板上，双臂自然下垂，双手放在大腿上。闭上眼睛，均匀地呼吸，同时感受一下，现在身体有什么感觉。如果你感觉有些紧张，请试着放松自己。现在你感受到的，就是自己的起始状态，也就是我们说的中立状态。给自己一点时间来好好感受这种状态。根据你现在注意力所在的不同，状态也会发生改变。比如，如果你现在想到了一个你喜欢的并且愿意和他待在一起的人，你在思想上就会产生一些积极的共鸣：身体方面的反应或许会是腹部感觉到的一阵暖意，呼

① 苏黎世资源模型（Zürcher Ressourcen Modell）是由马娅·施托希和弗兰克·克劳泽在 20 世纪 90 年代为苏黎世大学开发的一种自我心理管理训练，简称 ZRM。

吸出现的变化，或者脸上会微带笑意，或许眼前会出现亮光，身体会感到一阵电流。请仔细观察你的身体发生了哪些变化。很可能只是非常细微的、几乎无法感知的小激动，也可能是强烈的感受。许多人在想到一些令人愉悦的事物时，会产生一种辽阔感或者轻松感。想到美好的、令人舒畅的事物无疑会增强人们身体方面的开放程度。您也可以试着体验体验。

现在请你做一个相反的测试：请联想一个难以相处的人，以及一次让你觉得非常难受的和他之间的交流。尽可能生动地回忆当时的情境，让他重新浮现在你的眼前，进入到思维里当时的情境中。然后再来观察一下自己的身体反应:你的手臂、腿、肚子、脖子、背还有头，都有什么反应？你的呼吸呢？可能你能在自己的身体上感觉到一种完全不同的共鸣，你感受到压迫和紧张，这就是身体对一些令人不快的事物产生的闭合反应。

开放和闭合是所有生命的基本反应，每个细胞都符合这个原则。我们的身体语言说到底就是两个初始模型（嘉利，2008）的延展和变异。仔细、敏感地去感知它们，我们就可以获得自己内心对一个情境做出反应的许多信息。我们的思想可能被太多的想法和考量搞得乱糟糟的，所以我们就不知道该怎么确定自己的方向。相反，身体却会用呼吸、皮肤、器官和肌肉反映出我们最直接的感受。上述练习可以帮助我们感受自己在面对有挑战性的情境时最直接的共鸣，从而思考自己想要什么。如上所述，请你首先做一个自检，确定自己的初始状态，然后联想一个你想要搞明白的情境。如果你经常做这个练习，你就会发现，自己的身体是用何种方式（呼吸、皮肤、器官等）来产生共鸣的。如果你能对自己的共鸣系统有越来越多的认识，那么你就能提前知晓自己什么时候会感到紧张焦虑。

谈谈阻碍感

当你提到一段关系中的分歧时，你是否太过夸张以至于把蚂蚁都说成了大象？或许你会遇到真正的惊讶：“你怎么会觉得我会反对你呢？”假如对方没有感觉到你的愤怒，是真的十分惊讶，你可以向他解释你的感受和心情。比起一味地遮掩和粉饰矛盾，只有通过把紧张和阻碍的感觉都拿出来好好谈谈，你才能发现，其实你内心小剧场的受害人就是你自己，这样才能避免更多的关系遭到损害。

当然，对方的惊讶也有可能是装出来的，这是一个基本关系阻碍的证据。我常会问：“如果别人做出一副一切都好的样子，但是我自己却完全不这么觉得，我该怎么办？”重要的其实不在于对方是否也感受到了危机，而在于他对你的困惑有何反应：他很乐意了解你的感受和感觉，哪怕在他眼里天下太平。那么他也会想知道，你为何会有这样的状态。如果他拒绝聊天或者表现得很轻蔑(“你有什么问题？”)，那么你几乎就可以确定你的感觉是对的，不然他也没有必要阻拦。你不能强迫任何一个人与你沟通，也没有权利强制别人作出解释。你只能说：“我对一些东西感到疑惑，想跟你聊聊。在你看来我们之间一切都好，你也觉得没什么好聊的，但我相信，如果两人之间有一个人觉得有问题，就应该谈谈。不然我一直被困在自己的疑惑里，也不知道该怎么继续和你交流。”通常情况下，对方需要一点时间来消化，然后也会同意跟你对话。如果对方无论如何都不肯行动的话，那么你也该就此作罢，好好想想自己想做什么。

彩虹还是雷雨

人与人之间的不同里蕴含着一个巨大的潜力，或许是令人满意的协作关系，同样也有可能是艰难的斗争。在和别人身上那些真正的不同打交道时，一切都可能发生：一个活泼的朝气蓬勃的人会觉得一个质朴稳重的人是一个可以互补的他者；创造性的主意和踏实的计划合二为一，便可以让一个项目真正起飞。就像雨滴被太阳光从特别角度反射和折射会产生彩虹，能正面对立而不是矛盾敌对的差异，可以产生一些全新的东西；但同样的差异也有可能让我们跌倒并且留下深深的痕迹。如果差异不能像榫和卯那样契合，而是相互诋毁和损害，那么暴雨和雷雨都有可能发生。如果关系双方都觉得自己的想法和做法是唯一正确的，而对方是完全次要的，那么这种情况就会更严重。两个人的相似之处越少，他们在磨合时需要付出的就越多；在磨合期付出越少，那么成功相处的可能性也就越低。

跟一个和自己完全处在两个不同世界里的人相处其实是有趣的、具有挑战性的，而且是非常辛苦的。如果两人合拍，那么深度的交流和调剂就是报酬；如果相互碾压、折磨，给彼此的生活添麻烦，那么最好还是保持距离吧。一定时间上和情绪上的距离才容易让人在回想中发现什么时候该放手。人们身处冲突和紧张之中，很难认识到理应分开的时间点。

我们是如何陷入这种充满遗憾、伤害还在心理上造成痛苦的糟糕循环中的？其实关键在于对一些问题的争论，比如什么是适当的、正常的、正确的。这些争论可能引发冲突，甚至让关系跌入恶化的深渊。弗里德里希 · 格拉斯尔在 2002 年曾用一个层级模型来展示矛盾升级的动力，其中的第九层也是最后一层是共同跌入深渊。一旦走到这一步，关系双方会发起一场歼灭战，不惜自己走向毁灭也要消灭对方。

其实我研讨课上很多学生说起难相处的人，以前都曾是他们的好同事、生意伙伴或好朋友。易受干扰的其实是那些非常不同的个性之间亲密的或者孤傲的关系。在压力的环境下，或者在冲突中，我们就会作出一些超越个人故乡区域的反应，好像我们身上被安装了自动驾驶仪。一个人之前很结构化，对安全感需求很大，在强压下却会变得十分不屈不挠。一个把随性和自由看得很重要的人，在有压力的情境中，可能会变得混乱不堪。按照压力环境下的模型增强原则，一个人的行为很可能会对另一个人行为产生释放刺激。

到最后，每个人从对方身上获得的、他们原本期待的东西就越少，并且会越来越将对方置于压力之下。这样他们就陷入了一种恶性循环之中（可参看“恶性循环”一节）。差异伊始的吸引力反转成了反感。“我们之前的激情热血，如今都成了剖心泣血。”弗里德曼·舒尔茨·冯·图恩如是说。因为在我们的差异里相互碰撞的不仅是我们对彼此的渴望，更有我们的恐惧和心理过敏。这种动力作用中的第一步也是最重要的一步是：彻底看清它，至少光靠对方不可能把一段关系变得困难，我自己的不同之处也有份儿。只要其中一人成功认识到了这一点，就是两人关系改观的开始。因为有了这样的认识，狭隘的视线就能被打破，极端的诋毁也能被终止，而我们也不再视彼此为敌。

如果你要和一个你喜欢或者曾经喜欢过的难相处的人打交道，而你也还愿意为这段关系投入精力（这是你要遇到的第一个决定），那么以下的两条建议或许对你有帮助：

1. 抓住好的本质

我们喜欢或者欣赏对方的地方，往往都有一个反面。如果我很欣赏一位女性朋友的大大咧咧，那我就要明白，她可能也有一定程度的不可靠，因为她不一定只在与我的关系中表现出随意。在遇到一些都必须按（我的）计划行事的情况时，对于她的不守时我也只能闷闷不乐。

如果我的一个女性朋友欣赏我的细致（因为我经常提醒她一些她自己忘记的事情），反过来她也要忍受我严格的一面，当她想要马马虎虎的时候，我的严格就会惹她生气。我们该好好想一想：你在难相处的人身上可以赞许的，或者以前赞许过的那一丁点儿东西是什么？他的行为方式里藏着哪些你觉得很难搞很烦人的本质？想想看，你认为负面的行为中，你能回想起哪些正面的成分，你还曾为对方具有这样的成分感到高兴？这样的思考会让你在思维上走向一个有建设性的方向。当你觉得一个人不再是无可救药，而是还有那么一丁点儿优点的时候，你手里就有掌握了这段关系中的潜在缓和砝码。问问自己，对方的行为对你来说究竟是完完全全的不同，还是只有些微的不同。

2. 建立一个缓冲区

空间上、情绪上或者时间上的距离都能缓解关系中的压力，并且帮助我们重新清楚地看待关系。我的一位女性朋友曾是（现在时不时仍是）一个我认为很难相处的人。十多年的朋友了，我们却经常会因为一个话题产生分歧，然后就开始相互指责，彼此都感到很受伤，不被对方理解。这段关系不止一次走到了崩塌的边缘。无论是私人生活还是工作层面上，我们都有紧密的联系，而且很喜欢对方，但我们之间就是会定期走向白热化。

我们进行过多年的尝试，想要达到相互谅解（很少成功），但是我们都认为问题出在对方身上，所以对方需要作出改变。最后的出路就是：保持距离。这不是吵架以后的赌气或者不满的结果，也不是出于委屈，而是把这份友谊持续下去的唯一的选择。具体的做法就是：工作层面上减少来往，私人联系也明显减少。对我们两个人来说这都是令人悲伤的一步，但这却给了我们隔着一定的距离重新相互认识和来往的可能性。我从中学到了，不是所有的事情都能解释清楚，如果一段亲密的、深入的关系不（再）可能继续，也不一定要以完全分开作为结束。换句话说：有的彩虹，要离远一点才能更好地欣赏。

第四章

冲突心理学

没有冲突就没有真正的交流！

——《引导困难的对话——工作中的建议型、批判型和冲突型对话模式》，卡尔·贝尼恩，2003，第 70 页写到这里我已经介绍了人与人之间什么样的差异会造成关系紧张。并不是每一种紧张都会导致冲突，但是每一次冲突都以紧张为基础。冲突产生于一方觉得另一方的行为对他造成了损害，而双方又在一定程度上相互依赖时。冲突可以是明显的，也可以是隐藏的。在明显的冲突中，双方会直接与对方争吵；在隐藏冲突中，紧张只在气氛上有所表现。

在冲突的环境中，人的认知、感觉以及行为都会发生变化。一种极端是战斗模式：谁做好了冲突的准备，谁就会变得心胸狭窄，并且会强力维护自己的利益。另一种极端是逃避模式：当事人会害怕，所以极力避免对抗，只是沉浸在自己的愤怒中。

而如果谁明白差异是可以被解释的，无论内在或者外在都会保持行动（对话模式），那么他便可以认真地看待对方，倾听他的立场，而不是一味地反对对方或者自我保护。同时他也可以阐述自己的定位和利益所在。

表达和忍耐

处理冲突的能力是丰富多样的，除了公开谈论愤怒以外，还要对紧张具备一定程度的忍耐。并非每一种气氛都有解释的可能，也不是任何一个时间点都合适，更不是每一段关系都能承受得住解释性的对话。比如，如果人们才刚刚认识，或者只是有一些客观的目的性的交流，那么对于解释的要求就会给这段交往带来负担。当然了，忍耐冲突的能力并不是要你完全让步。就这一点而言，我们的文化维度中存在着一种危险，那就是对自己感受的控制有可能会被当作宣示主权的标志：比起情绪化的反应，最好还是保持清醒冷静的头脑。如果谁要求自己在冲突中总是保持冷静和独立自主，那么他很快就会成为自己的对手；而如果他没能做到的话，那么这就会成为他的弱点。另一方面，这会大大提升内在的压力并且造成变通不灵活。在冲突还没有完全开始的时候，对控制感的要求就会变成真正的问题。后果就是不再联络和关系受到伤害。对于谈论一个艰难的话题，你等得越久，就会变得越难，因为你心里的易燃物会不断累积。

如果发展到了争吵，你一定不要纠结于为什么没有早点谈论这个阻碍的问题。一条黄金法则是：如果你和对方之间的困扰已经大到负面情绪主宰了整个交流，而你也到了能感觉到心理疼痛的地步，那么这时候我建议你寻求谈话机会。在特别困难的情况下，一个主持人可以帮助你组织一场内容棘手的谈话。如果你觉得自己与谁陷入了冲突，那么你需要考虑以下三点：

1. 你自己对现有的情况有什么责任；
2. 你有没有做好给对方解释的准备；
3. 你如何看待通过对话来改善现有情况的前景？

很多人认为“其实谈话根本没有什么意义”，以我的经验来看，关系紧张多半是由于交往中的绝望和没有安全感，而非谈话本身真的没有可能性可言。最后，只有着手尝试才能带来安全感——无论用积极还是消极的方式。

旧伤

很多人都认为冲突一定是不好的。其中的原因是，冲突总是与一些消极情绪相关联，比如生气、恐惧、悲伤、失望、羞耻或者内疚。不能很好地处理自己或者他人这类情绪的人，会很快感到不安。接着他就无法再平静地、理智地行事，只能有一些条件反射。在遭受现有冲突影响的风险之外，一些以前的伤害也有再被激发的可能。

如果有人觉得自己并不属于这场冲突，不认真对待冲突，那么这种“伤害”在每一次冲突场景中都会被激发，尤其是在别人也表现出这种不当回事儿的行为方式时。这些老伤有可能导致解释被完全避开，或者为了维护自己的利益无所不用其极。

消极信条

不懂得该如何有条理地处理冲突的人，往往会在处理事务时受一些信条的引导。信条是一些建立在经验基础上的信念，要想某个行为达到期待的结果需要遵循一个原则：若……则……以下几则信条在冲突中会起到一定作用。若我正在斗争或者拿我的利益做赌注，则：

○对方不再与我来往。（结果：关系破裂）

○对方不再喜欢我。（结果：喜欢被取消）

○我丢脸。（结果：羞耻）

○别人指责我。（结果：道德压力）

○对方变得暴力。（结果：毁灭性的攻击）

很多时候我们都没有意识到其实信条从根本上影响着我们的行为。但是我们可以通过自我审视和自我反省的途径来理解它。你可以问问自己，争论中你最害怕什么，你想保护什么，你在回避什么，或者你知道哪些冲突的发展形式。谁被冲突消耗过、伤害过、击败过或者排除过，冲突就会给谁带来巨大的压力或者恐惧。

当然了，这种恐惧并不是不可避免的。通过一种心理防御机制，我们可以让它在感知界限内活动，这样，当事人就不会感觉到自己的恐惧，他的大脑会提供给他理智的理由，告诉他为什么不遭受冲突是好的或者正确的。“这不值得吵架！”“聪明人会让步！”“这对我而言没有那么重要！”“我能挺住！”诸如此类的句子都是一些内心的回避。它们会保护我们，帮助我们避免过程和结局不明所以很棘手的冲突。防御机制是帮助人们避开冲突，从而拥有独立自主的感觉。当我们在一个情境中（经常发生在童年）无法和对方针对不同的需求进行有条理的商议时，防御机制就会产生。

个人冲突社会性的含义

我们的生活经历对我们在冲突中的行为有什么影响？在我们人生最初的几年里，和重要的相关人（多数情况下是父母）之间的关联肯定影响着我们的感知和行为模式。如果小孩子一生气就被赶回房间，那么他就会知道：“生气是不好的！我不能生气！”这样一来，为了避免被赶走，孩子就学到了如何控制怒气。控制感觉的保护机制可以在成长的过程中慢慢变得独立，使得一些麻烦的感觉，比如生气、失望或者怀疑，再也不被感觉到。就像那条（伪自主的）信念一样：“我没有争吵的必要。”

之所以说是伪自主，是因为这种信念会保持一种内在的禁止，它会限制人们对自己感觉、冲动和需求的表达。

冲突中许多麻烦的行为方式其实都和这种保护机制有关。一个例子就是冻结或者关闭。为了避免危险，人们会进入一种僵硬状态，好像他麻木了，盲了也聋了，完全不在那里了一样。在被过分苛求的情况下，这样的反应是一种必要的出路：当事人进行一种短时间的心理脱离，并且向内逃避（离散）。当这种机制建立以后，从中会诞生一座监狱：当事人再也没有决定自己是否愿意行动的选择权，保护机制会自动运行。一些攻击性的机制会使当事人对别人造成危险，当他觉得自己受到威胁时，他会发火，并且用身体上或者心理上的暴力来对抗（想象中的）进攻者。攻击性行为机制多数情况下是由无力和绝望的经历引起的。如果一个人想要克服一个困难的状况，但总是力不能及，他就会发展出极端的行为方式。冲突经历尤其受到原生家庭的影响。如果在原生家庭中，冲突就意味着恐惧、无助和毁灭，那么在他今后的生活里，他就会竭尽所能避免自己处于落后的位置，或者他会试图彻底规避对抗。为什么争论会发展成（自我）毁灭，怀疑会伴随着憎恨和盲目的破坏欲，其中最重要的原因就是创伤（冲突）社会性。

比起小时候时常被夸奖做得对，并且能够无条件得到关爱的人，一个人如果小时候经常被批评和惩罚，或者觉得父母的关爱是不确定和易破碎的，成年以后他就更容易在面对批评时产生内疚感、防御或者攻击行为。我们希望，小孩子能从他的父母或者其他重要的相关人那里接收到自我价值和有利于关系的信息，就像心理医生斯蒂芬妮·斯塔尔在她2004年的著作《非对非错》中对关系恐惧的描写一样：

〇我们爱你原本的样子，但这并不表示我们能认可你所有的行为方式。

〇你不需要为了满足我们的期待而委曲求全，我们会按照你自己的潜力来要求你，而不是按照我们自己的愿望。

〇你不需要为了逃避我们的责罚而过度顺从。当然，我们并不是什么都允许，你也需要遵循一定的规则，但我们允许，也希望你能有自己的意愿。在我们看来这是一种行为能力。你不用担心会失去我们的爱，或者担心我们有什么让你害怕的举措，你可以说不……

对自我价值（我很好，就像我这样）、底线权利（我可以说不）以及自我需求的合法性（我要为我自己考虑）的肯定，是锻炼冲突应对能力的前提。如果一个人从不肯定自己的价值，不在意自己，不让自己受到尊重，总是把他人的要求和判断凌驾在自己的需求之上，并且认为自己不可以反抗，那么冲突便能很快令他陷入困境。

童年的经历对我们建立关系有很大影响，它们还会影响我们对冲突的看法和态度。

不过我们可以花一些时间和耐心来调整自己。用萨特的话说："从一个人的既有之躯上冉有所建树，从来都为时未晚。"我们可以抛弃那种为我们的行为而发展出一种意识的旧航线，学习新的应对冲突策略。有时候借助一下咨询、培训或者心理治疗这些专业帮助也有好处。

冲突的正面潜力

虽然我们有很多理由去避免冲突，但是冲突还是包含着一种积极的潜力：没有哪一种人与人之间共同的发展、没有哪一种深度的交流、没有哪一种关系中的真正成长可以离开冲突。在冲突中才可以看出，一方和另一方所想的有什么不同以及一方觉得另一方有哪些不对。疑惑和伤害是可以被解释、被解决的，事后当事人会更了解自己，也更了解对方。以前混乱的紧张毒害了气氛，现在可以变得清楚明白。把那些不同的想法、愿望、期待和需求都拿出来摆在桌面上，这样人们才能对它们采取行动，才能开始着手做些什么。不表达出来就永远无法得到解释。冲突并不是什么令人愉悦的过程，处理冲突的过程甚至会十分痛苦，但没有冲突却是万万不行的。经历过难熬的、解释清楚的冲突，一段关系便能继续发展，甚至开花结果，关系中的信任也会在处理冲突的过程中大大增长。达成信任的经历是："虽然有时很艰难，但我们会努力澄清我们的不同。我们可以相互信任，我们有渡过难关的共同信念，我们没有必要逃避，也不会对彼此作出不必要的伤害！"

典型冲突

有一些简单的特点或者走势，几乎在所有的冲突中都有所体现。如果一个人知道自己的哪些行为属于火上浇油，那么他就可以选择：是让冲突继续升温，还是采取另一种行为方式。他可以对自己行为的后果作出推测。

扭曲感知

我们如何感知另一个人的行为，我们看见什么，看不见什么，其实都与我们自己有关。在冲突中我们尤其倾向于用我们已有的印象去感知对方。

案例：季思拉很不满意儿媳麦可总是在周末家庭咖啡小聚时迟到。一个不可靠的儿媳形象已经在她心中打下了深深的烙印。一到家庭聚会时，季思拉就等着麦可迟到，而且会在约定时间麦可还没有到的时候就开始生气。如果儿媳准时出现了，这种“例外”也会被季思拉刻意地视而不见。这种准时会被当作偶然或者例外，而那个不守时的形象依然根深蒂固。

如果麦可如她所愿地来迟了，那么季思拉心中那个不可靠的儿媳形象又会强化几分。单次出现的负面印象会变成难以更改的固定看法。而与之相悖的画面，要么不被感知，要么就算被感知了，也不会作为修正的经历存贮于我们的大脑之中。我们需要积极努力，保持警惕，才能不落入这个陷阱。

以错误感受为动力

不止事件内容方面的差异，与之相伴的感觉也可以成为冲突的燃料。冲突就是关于可被感知的不公平。比如一个人可能会感觉别人对他不好、排挤他，故意让他落在大家后面，这就可能导致他和别人的冲突。每个人都会自己定义什么才是正确的、可靠的或者合适的做法，并且会把自己的推测当作“正常”，当作唯一正确的选择，通常情况下，他人的观点则会被当作不正常的、错误的、荒谬的。通过之前提到的因父母赡养问题而产生矛盾的彼得和保罗两兄弟的案例，我们可以很好地理解这种冲突机制。彼得是这么看待这件事的："按道理我们该照顾父母，因为他们已经年老，无法独立生活。这是不言而喻的，其他所有的想法都是不道德的或者没良心的！我和保罗作为同胞兄弟，对父母有同样的赡养义务。保罗直接推卸了责任，把什么事儿都让我一个人担着。这简直令人难以置信！他竟然还想跟父母商量，看看他们今后想要被如何照料！他们当然想在家里生活。把他们送到养老院去很失体面，跟他们商量这事儿也有失体面。保罗就想把他们送去养老院，就这么简单！我为我的兄弟感到羞耻。他自己住在另一个城市，根本不知道父母究竟需要什么。他只是根据住处、花费等因素做决定。当我不赞成他的做法，并且质问他这一切时，他立马抱怨我不该把他牵涉其中。"

彼得的想法是可以理解的，他觉得自己有责任，但是也有压力。然而他并没有看到自己观点中的主观性。他把自己对父母应尽责任的个人看法当成了一种不可动摇的客观标准（"就该这么做！"），谁要是想要动摇这个标准，就会被指责为自私的、没良知的。因此，保罗才会有那些反抗举动，他不赞成彼得认为的儿女应该亲自照顾父母的看法。保罗的观点是："作为子女，我们有责任照顾父母，特别是现在他们年老了，更需要人照顾。所以我们应该跟他们商量，问他们自己对未来有什么打算。彼得根本没有询问过他们的意见就自己做了决定。当然了，父母会很高兴我们来照顾他们，但是我住在 100 千米以外的地方，我要工作，我也有家庭，我不能全天候地照顾父母。彼得和父母住在同一个城市，就隔着一条街！更何况他自己没有家庭，所以很方便在父母需要的时候过去照顾他们，他自己也愿意。此外，他也乐意父母住在他两处房产的其中一处，再没有比这更好的办法了。他有很好的房租收入，父母还承担了他的翻修费用。彼得还让他们新建了厨房和浴室。他就知道为自己着想！现在他想把他认为合适照料父母的想法强加于我，而且做出一副我必须听他差遣的样子。我说什么也不干！如果他觉得应该这样精细地照顾父母，那是他的事，我不会参与的！”

兄弟二人的想法都是可以理解的，也都是合法的。观点不同而已，并不是问题。但如果一方的观点被另一方诋毁，这时候就会发生激烈的争吵。不同的视角、需求和可能性本身不一定产生纠葛，但是一旦双方开始争论究竟谁才是唯一正确的，矛盾便随之而至。这种变化在冲突中是典型的，尤其是冲突已经被激化到一定程度以后，当事双方都坚持自己关于什么是恰当、什么是正确的看法。另外，以前经历过的伤痛和心结也会加强冲突：“早就是这样了，保罗他……”“这是彼得典型的做法，他……”（请参看后面“心理助燃剂”一节）

控诉不正常

把他人的行为动机当作非法的、错误的或者不正常的，反过来却把自己的感知判断当作绝对正确的真理，这是交往的一大陷阱，也会在冲突中使事态急剧恶化。心理学家阿里斯特 · 冯 · 施里普在 2014 年的“非暴力抵抗与新式权威”会议上，做了以“敌对中的自我组织动力”为题的报告。他指出，在已恶化的冲突中，参与双方会相互谴责对方的病态、奸恶或愚蠢，这三种说法被用于形容对方不可思议的行为。对他人病态的谴责有一个特殊的意义：谁病了，谁就无法头脑清醒！由此便可以判断他的感知和判断能力都受到了阻碍，所以不能相信他。

语言极端

冲突中，无论是在自己思考（内心自言自语）时还是在与他人直接对话时，或者和第三方谈话时，我们都会使用极端的形容词，对方的行为会被我们说成“完全不对”“十分错乱”“彻底乱套”或者“绝对不可接受”的。这些或者类似的表达都是诸如生气、愤怒或者无助等强烈感情的表达，它们其实也论证了一个自己的情况判断：错在于对方！那些绝对化的词汇编排，比如“总是”“从不”“一直”“毫无例外”或者“不停”，形成了一种交流风格，它的作用类似于往火堆里添加助燃剂，就像“你简直就是冥顽不灵”的作用无疑是在抨击对方或者挑战对方的自尊，对方很难理解这样的话语（也没法理解）。这是一个划界，平反和反击计策的斜坡，也是通往下一轮恶化转盘的车票。上面描述到的感知扭曲，会导致那些影响观点产生的事情被特别深入地感知，而那些与对方自我画像相矛盾的信息则会被隐藏。

这样冲突的双方在思想和言语上就会继续在一条“如我所见，就是这样”的死胡同里对峙。要想从这样的死胡同里走出来并非易事，因为每一方自己的感知和看法都会不断强化。

寻求认可和结为兄弟

由于冲突强度不断升级，冲突双方之间已经出现了一道墙。如果说扭曲的感知为这堵墙提供了砖石，那么社交感染就是这些砖块之间的水泥。身处冲突之中的人会对周围人产生信任，并跟他们讲述自己的气愤。或许这是为了检验自己的感知，或者是通过反馈尽可能地发现自己的盲点。但更为常见的动机是一种释放情绪并且让自己的观点得到认可的需求。彼得跟一位朋友讲述了自己和兄弟保罗的冲突，讲到最后他问：“保罗是不是难以置信？”朋友回答：“那还用说！真不敢相信保罗擅自做了些什么！”如果说之前他还对自己的观点是否唯一正确有些小小的怀疑，这样的对话便将怀疑减少或者完全抹去了。我们不应该不分青红皂白地就站在好朋友的那一边，如果他做错了，我们应该敢于把他训斥一顿。

通过和第三方的对话，我们会在描述冲突对手时片面地（批判地）刻画他的形象。就算第三方和冲突当事人互不认识，我们也会这样。不少人就是在这条路上慢慢变成了难相处的人（社交感染现象）。

在公司里这就意味着，这场冲突通过“过道广播”已经人尽皆知。谁在同事圈子里地位更高，谁就会被倾听，这在很大程度上决定着哪些观点会被传播。而另外那个人会抱怨没有人倾听自己，相应地他很快就会有束缚的、敌对的、粗鲁的、不可交流的、怀疑的、拘谨的或者不合作的表现——这反而更加符合他的对手对他的刻画。

升级

升级的风险，也就是恶化，几乎存在于每一场冲突中。一旦到了一个人觉得要为自己感受到的公正去和不公正斗争的时候，他很快就会陷入闭目塞听的感知以及对自己行为的强化中。如果当事人并没有积极尝试从这种情形中脱离出来或者采取建设性的措施，这样的反应机制就会形成。社会学家尼克拉斯 · 卢曼十分形象地用一种将自己置于交流中，并且从中获取养分的寄生物来类比冲突的内在动力。这种寄生物不断地生长出分支,这既是升级不断强化的原因,也是后果。它不停地生长，渗透到交流中更多的地方，然后将关系逐步瓦解。

如果寄生物最后完全占领了交流,每一个没来得及避免它的接触,就会开始重复那些来源于相互攻击和指责的冲突模式（《敌对中的自我组织动力——“非暴力抵抗与新式权威”会议上的演讲》，施里普，2014）:不相互说好话，相互怀疑、拒绝、讽刺、忽略并且假设消极的（不忠诚的）行为动机。

冲突的不断升级可以发展为人们最大限度互不相关的地步，所有文化习俗都被废除，人们不再问好，只通过信件或者第三方来交流。

恶性循环

这里描述的动机在人与人之间的恶性循环中非常典型：一个看起来没有出路的情境，其中一方的行为用一种消极的方式强化了另一方的行为。随着时间的流逝，情况越来越糟，原因和影响都无法查明。舒尔茨 · 冯 · 图恩的恶性循环模型（2010）并不按照原因—影响—原则对冲突进行线性观察，而是圆形：A 的行为是 B 的行为的起因，而 B 的反应又是引起 A 行为的原因，以此类推。反过来对 B 而言也是一样。当事人的这种冲突行为造成了持续的恶化，但双方都认为自己是对的。

以圆形观察冲突的过程中，有趣的问题是：谁是开端（这个问题实际上既无法确定，也无法继续深究）。恶性循环模型展示了双方当事人的行为如何相互作用以及是什么动力维持了冲突。拿前面兄弟俩的案例来说：保罗越是让步，彼得就越是咄咄逼人；彼得擅自决定的事情越多，保罗就越退让。兄弟俩的行为以一种消极的方式相互强化着彼此。无论你问谁，他们都觉得对方才是该为整个事件负责的人。尽管如此，还是让我们把目光转向幕后，退让、谴责还有抱怨，我们可以发现很多强烈的情绪：保罗认为彼得把自己置于压力之下，不断逼迫自己，而彼得觉得自己被保罗抛弃，并且保罗还利用了自己对父母的关怀。

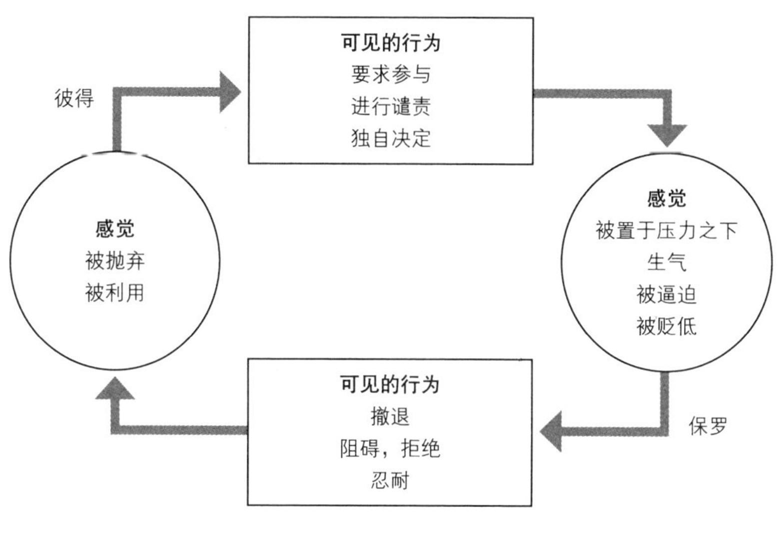

恶性循环中的人际动力

两人的内在困难可能无法从外部得知，但可以依据他们反应的强度推断出来。关键问题是：当一个人的行为如此（愤怒、不友好、讽刺等）时，他自己是什么感觉？一个人外在表现得很冷酷、不友好和强硬，内在的感觉是抑郁、不被重视、受攻击的、受侮辱的或者受伤的。而那些表现出来的行为其实是一种为了捍卫自己利益的自我保护。

兄弟二人为了达到效果最优化，对外都表现出顽固、不屈服、强硬和防御的样子，内心的困难和受伤并不是交流的一部分。两人都不断地塑造对方的反面形象，以不断强化的攻击和指责相互对峙，也给彼此造成了更多的伤害。强硬的盾牌就像是一个光滑的屏障，尽管如此，伤害和屈辱还是会发生。它们就像发动机，保持着令人精疲力竭的动力一直运转。其实圆形的动力圈就存在于人和人之间，它的起点就在人们身上。保罗越感到抑郁，他就越后退；彼得越觉得自己被抛弃了，他就变得越生气。如果他们始终不能意识到，对方的行为之所以如此，其实他们自己也有责任，那么他们就永远不可能逃离这个恶性循环。

恶性循环的出路

怎么办？兄弟二人当然有办法逃离了。前提是这个恶性循环得破除掉。但是紧张度依然存在于这个系统之中，只是有可能暂时被“冷却”。逃离恶性循环要想成为可能，二人必须就父母赡养的问题好好谈谈他们不同的想法，还要理解各自与对方交流的感受。对于开放地讨论各自的需求、利益和感受这个建议，他们的反应可能是：“我又不傻，才不会再给他一个攻击我的机会！在我这里绝对不可能！我倒是从来都做好了进行一场理性对话的准备，但是他……”一方再一次利用这个机会为自己的行为找理由，于是又开始了新一轮的恶性循环。对于害怕由于开放性而受到伤害这个问题，我们是该聊聊了。当人们放下盾牌的时候，确实一直存在着产生新伤害的风险。但是其中也蕴含着解释和改变的（有时候是唯一的）机会。由于典型的恶性循环具有很强的惯性，所以在进行解释性谈话时，有很大的风险我们会落入相互指责的漩涡。因此，在可能情况下我建议让专业人士来主持谈话。一位名人的父亲曾经说：一个总是有条理行事的人，基于他的能力，他也应该在构建一段困难关系时承担更多的责任。他应该迈出第一步，很简单，就是因为他有这能力。这无关公平，只在于承担一段关系的责任。这是一个很好的想法，其中包含了很多智慧，也可以引导我们走出那种有害的相互折磨的狭隘王国。

要是兄弟俩其中一人愿意推动一次这样的谈话，那么他们的前景就充满希望，比如：

〇保罗就能明白，为什么他的行为会让彼得越来越愿意擅自行动了；

〇保罗也能看清，由于现在的状况，彼得是如何经常感觉压力过大，如何被想要正确行事的愿望驱使；

〇彼得就可以说，其实有时候他也想要放下对父母的责任，但是自己不能接受，所以当保罗退缩的时候，他就变得异常愤怒；

〇彼得不只是理解，还能认识到，自己的要求其实给保罗造成了很大的压力。

如果你意识到，你和难相处的对方已经进入了恶性循环，那么这时你其实是拥有多种寻求出路的可能性的。

练习：

首先请检查你是否真的面对着一种恶性循环。请按照下面的指导考察性地为自己以及和对你来说难相处的对方构建一个恶性循环。

1. 图中的长方形：对方的行为

你怎么看待他，你谴责他什么？这里就是对方的可见行为。请你描述他做了什么，并填写在图中的方框中。

2. 右边的圆：你的感觉

你刚才描述的行为让你有什么感觉？你觉得自己被伤害了、被利用了、生气了、激动了、被抛下了、被质疑了、被小看了、被贬低了、孤独、悲伤、气馁、无语、不被认真对待等？请将你自己的感受填写在右边的圆圈中。

3. 图中的长方形：你的行为

现在比较困难了！你觉得对方会怎么看待你的行为？你会如何在这个自我批评的观察中描述自己的行为？他会批评你什么，他会谴责你什么？请将你自己的行为填写在图中的长方形中。

4. 左边的圆：对方的感觉

最难的部分就是回答这个问题：你的行为会引发对方的什么感受，从而导致他有了你描述中的那些行为。请站在他的角度：如果他认为自己的行为是有意义的，你推测他会有什么感觉？请你在左边的圆圈里填写你推测的他的感觉。

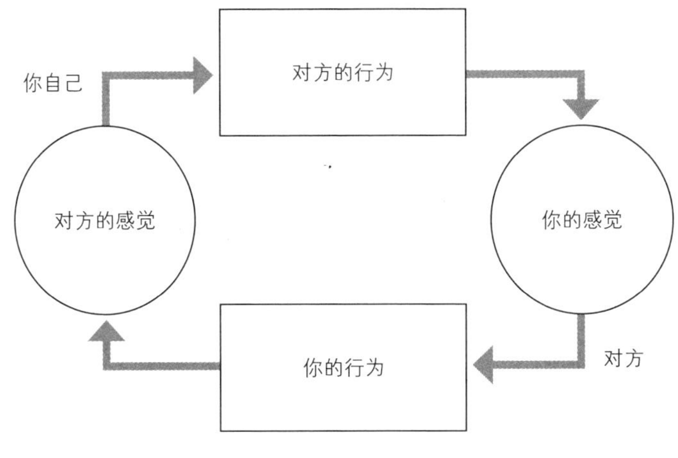

恶性循环图示

如果你有逻辑地按照正确的方式填写了上面的恶性循环图表，你就可以为每一个情境提供一种走向下一站的心理疏导：他人的行为引发了你一定的感觉，这又导致了你自己的行为，从而又引起了他人的感觉，以此类推。

走向逃离恶性循环的出路时，最重要的步骤你已经完成了：你已经观察到，你不仅仅是个受害者，你以及你自己的行为都对情况的形成负有责任。只有参与其中的人，才能尝试改变。这可以放在恶性循环的每一节里：

1. 以“你的行为”为起点。你可以有和至今为止不同的行为，还有偏离习以为常的“争吵剧本”，这可以打破已经习惯的敌对状态。彼得可以在遇到重要决定时打电话给保罗，邀请他加入决策；反过来保罗也可以向彼得提供支持，比如每个月固定一天，由保罗来照料父母。

2. 以“你的感觉”为起点。你可以恳请和对方进行一次谈话，给逃离恶性循环找一个情绪端口。你可以谈谈自己在这个情境中是什么状况，你对对方有什么期待，你可以拿什么表达善意。这就像提前付出一些令人愉悦的信任，也是展现你想要理性地把与对方的交往转向正轨的有效信号。

3. 以“对方的感觉”为起点。你可以尝试让自己进入难相处的对方的情境，想象一下他在这样的情境中会希望你怎么做。或者你可以问问自己，要发生什么你才会做对方对你做的同样的事。这样的移情换位有助于你摘下那片障目的树叶，真正地倾听他人。那个藏在“行为面具”（舒尔茨·冯·图恩）下面的，带着自己的困境与不安的人，从此便可以看到了。

4. 以“对方的行为”为起点。你可以透过另一副眼镜来观察他人的行为，并且问问自己：对他来说什么是重要的，他如此行为的目的是什么？请你假设，他人的行为对他来说是有意义的。这种“重新阐释”要求很高，效果也很好，它成功地让你重新解释了对方的行为。比如在兄弟二人的案例中，保罗就不会把自私自利的行为动机（他的解读）强加在他的兄弟彼得身上，而是会问，彼得会用什么原因解释自己的行为（比如担心和父母商量住处这样的问题会伤他们的心）。

因为我们在这里谈论的是对困难情境的探测，所以至今的案例都立足于这一观点：并非一切都已了无希望，其实还存在着些许改善的可能。对这些可能性的探测，包括去认识，问题是什么时候开始的，是否两人或者只有一方已经不打算费力寻求改变了。

在有的情境里，对伙伴合作寻求改变的期待已经完全不存在了，所有改变的精力都耗尽了，只有已经死心的冷漠，或者当事双方早已成为仇敌。

冲突中的关系模式

艾伯哈德·施塔尔（2010）介绍了四种可能走向冲突的人际关系模式：作为合作伙伴、作为党派、作为对手或者作为敌人。每一种模式都有自己的行为方式和游戏规则。如果你知道冲突是按照什么规则进行的，那么无意识中陷入不利局面或者（被动地）恶化的风险就会小一些。

合作伙伴

在“伙伴关系”模式中，参与双方有解决当下困难局面或者将冲突澄清的意向。他们都明白，一个好的解决办法可以兼顾到双方的利益不让任何一方吃亏。不然就有可能造成愤怒，或者为下一次的冲突埋下祸根。在伙伴关系这种模式里，冲突参与双方都致力于寻求理解。一条主要的认识是，双方共同的努力是非常重要的，哪怕这个认识被强烈的情绪暂时隐藏了起来，或者眼下双方明显都只关心自己的利益。公平是伙伴关系模式中的纲领。

党派

如果冲突双方意识到，通过他们自身的力量无法调停冲突，那么他们可以建立一种超党派的机构，超越伙伴关系的层面，以党派联合的形式来相处。党派会最大限度地追求自己的需要，而很少在意自己的要求会给对方造成什么后果。这时候可以由高级别的机构来决定党派联合，还是其中之一方为了解决冲突建立一种新的机构。这个调解性的机构扮演着一个代理人的角色，如果面对的是工作领域中同事之间的山头问题，那么它扮演的则是一种领导力量。相互公正对待是这种党派关系模式中的纲领。

对手

在对手关系模式中，参与双方都想要按自己的意愿应用自己的游戏规则。虽然基本的公平规则依然存在，但是力量较量中仍包含着所有实现自我、成为赢家的合法可能：一方花言巧语地将对方置于压力下，通过战术策略取得胜利。胜利意愿就是对手关系模式中的纲领。

敌人

在敌人关系模式中毫无游戏规则可言。参与双方会用尽所有办法，只为成为胜利的那一方。

最重要的不再是达到自己的目的，而是通过嘲笑、欺骗、抛弃、恐吓、勒索来伤害对方。统治就是这种关系模式的纲领。

这四种模式会在不断升级的关系中相互促进。每一种模式都有着一定的交往规则，一旦规则被打破，那么关系升级到下一程度的可能性就会变大："如果谁拥有或者想要建立伙伴关系，就不能将决定权交给第三方，同时还要放弃违反对方意愿的获利方式，必须公平行事。谁让第三方介入了，谁就结束了伙伴关系，也使开放的对手关系和敌人关系没了可能。谁想以牺牲对方为代价来获得利益，也就失去了建立伙伴关系或者党派关系的可能性，并且至少开启了一种对手关系。

如果此外他还违背了公平原则，那么他就为敌对关系的出现铺平了道路。”（《冲突的上演》，施塔尔，2010，第49页）

对四种模式进行思考，可以帮助我们规避走向下一阶段的草率行为，从而避免事件升级。同时我还建议，别让自己的冲突行为出现明显的偏差。如果我努力想要和与我为敌的人达成伙伴关系，却一直不能成功，我自己也会受到伤害。反之，你也不应该盲目跟随每一次的升级（以眼还眼，以牙还牙），而应该为自己检查一下，哪些行为是有意义的、合适的。一条经验法则是：升级几乎一直都可能！如果形势变得艰难并且损害了信任，那么想要不升级就很困难了。

加油还是刹车

这一部分我们谈谈不同的冲突风格。一开始我们先做一个练习。

练习

请回想一下你在冲突中怎么行事：

○你是积极地推动交流，还是比较克制，只要紧张程度还在承受范围之内就默默忍受？

○冲突中你是和谐型，还是对峙型？是抱怨型，还是理解型？受了委屈是生气的，还是开朗的？胆小的，还是果敢的？暴躁，还是收敛？呆板，还是好动？反应快，还是反应慢？强硬，还是柔和？灵活，还是顽固？

○很熟悉你的人如何评价你在冲突中的行为？

○冲突中你最大的担忧是什么？最坏的情况下会发生什么？你害怕什么？

○冲突中你想拥有什么能力？拥有这些能力以后你会做什么？

根据个人社会性的不同，每个人都会有一些特殊的冲突行为，这会在几乎所有的冲突中多多少少表现出来。当然，这也与我们和谁发生紧张关系以及对方如何反应有关。但是大多数人在冲突行为中都有一些基本模式。这里我描述两种典型的基本模式，并称它们为“刹车”和“加油”。使用和汽车相关的比喻是我的刻意选择：首先，因为我们发现行为方式和刹车或加油的作用很相似；其次，因为日常生活中两种能力我们都需要——不加油（为自己的利益付出）我们就没法到达目的地，不刹车（收敛克制）我们则有可能和他人一起出事故；再次，人们可以参照油门和刹车踏板学习到适当的交流方式，有时候这是必要的。如果你过于用力地踩踏其中一个，比如我们“停在刹车上”或者“粘在油门上”，这就会造成问题，就如同你和难相处的他人（也有可能在自己身上）之间也会出现的状况一样。在“全速”和“全制动”两个极端之间还有许多等级。接下来的描述中你还会发现李曼 - 托曼模型中的两个极点：“刹车”和亲密极点类似，“加油”则和距离极点相关。

刹车

在冲突中选择踩刹车的人，会尝试在自己这儿缓解紧张关系，或者通过和谐的方式牵制对方。他不去理会愤怒，把争吵都放到一边，但是会自己独自生气，并且会迁就对方，以免造成对立风险。这样规避型的行为带来的好处是，可以对冲突中双方之间的紧张程度起到一定的控制。刹车的行为就好像在空气压缩瓶里装了一个减压阀。它负责哪怕一端的入口压力很高，也不能超过另一端的最大出口压力。无法向外释放的压力，就存在减压阀里面。从心理学角度来看的话，减压阀的效果是一种非常有意义的能力。

能承受紧张，并不是每一种矛盾都需要澄清，但是为了别人好，偶尔也可以忍气吞声，这样的能力是好的。麻烦的是，可能性会变成必然的发展；如果一个人没有了刹车的选择，而是只能任其自动发展，就会变得跟锁定的自动驾驶仪一样。

在“刹车”模式里一个人要承担很大的压力。对峙以及对峙可能带来的后果比他必须承受的紧张程度还要糟糕。为什么会这样？通常情况下，这里面存在着一些相应的人生经历。比如一个人还是小孩子的时候就要为家里的和谐氛围和父母的好心情负责；或者他学到的是，每一次冲突都会以关系破裂为终结；或者他承受过父母的攻击和伤害，所以成年以后面对不和谐的局面他只能表现出恐惧和不安，而这仅仅是一场大风暴的前兆。对他而言，调和、隐藏、美化或者否认都比开放性的解释更为容易。在冲突中，他会表现得像是受了委屈的、收敛克制的，或者默默地生气，所以他的愤怒无法表达出来。如果这个一滴一滴慢慢累积的桶不知道什么时候终究还是满溢了，那么就会出现老旧的、无法言说的谴责、抱怨或者侮辱。

如果你自己就是“刹车”

你有没有觉得“刹车”这个说法指的就是自己？用从 0 到 100 的分数标准为自己打分：0 指的是你可以开放地、自由地表达自己的利益需求，不害怕不好的后果，100 指的是你完全停留在刹车上，避免有可能出现的冲突。你会给自己打几分？为什么？你在冲突中会做什么，你会规避什么？你一直都这样，还是在生活中的某些时候，你会给自己不一样的分数?

如果你仔细研究自己冲突行为的原因，那么你迟早会触及更深入的感情层次或者以前的关系经历。这就像我们的童年会影响我们后来的关系建立一样，当一个人还是婴儿的时候，他没有办法区分自己和自己的母亲，他认为自己和母亲是一个整体。在成长、成熟的过程中，才能渐渐从“我们”中分离出“我”和“你”，之后这个孩子才会建立起自己的独立人格。他会学着表达自己的需求和愿望，他会学着如何在父母面前表现，在什么地方或者对什么东西设置自己的界线：当他赌气和发脾气的时候，父母的爱和关爱还会保留吗？他能学会“我可以说，我想要什么，不想要什么。我可以发起争吵，但同时我也相信我的父母是爱我的”吗？具有深远影响的人生经历还包括父母在冲突时的相处之道。他们吵架而后又和好了吗？他们会好多天都不说话或相互咒骂与诋毁对方吗？一个人身边重要的相关人的行为带有一定的模式特征，这是他自己的冲突社会性很重要的组成部分。

请思考一下，你的行为是怎么发展为冲突的。今天让你害怕的、避免的、拒绝开放性对峙的到底是什么？是怕对方不再喜欢你吗？是你在表达自己的愤怒时太强烈了吗?

事情升级了或者让你感觉羞愧吗？其实，认识到自己的恐惧之后，你才可以更好地处理它。你在恐惧中发现的东西也要认真对待，不要因为有恐惧就贬低自己（但我也是一个很敏感的人，我的天啊）。你应该这样想，你的人生中一定有什么真正的原因，使得你如此敏感，总是把冲突当作威胁。要友好地善待自己，而不是看低自己或者苛责自己，这样你才能看清恐惧的本质。

松开自己的刹车

从制动过强的冲突行为中走出的第一步是“寻因”，也就是认识自己内在的动机：我这样做的意义何在？我这样能做成什么，能避免什么，我为什么认为它重要？在你思考这些问题的时候，你已经在很友好、很善解人意地对待自己了。善待自己是改变行为方式的最重要前提。在你听说或者尝试一些新的行为方式时，你也要明白，你不可能立马就掌握它们。你需要一些安全感，才能越来越敢于对峙。首先要放弃下一次争吵中你可以改变行为方式的想法，只有这样，你才能获得安全感。

我建议你进行一个小小的训练，这个训练分四个等级，刚开始是一个单调的练习：

第一步：测评

平静地写下，在一次已有的紧张情境中，什么让你生气，你为什么生气，你有什么别的期待（“解释性谈话”这一部分会对你有所帮助）。

第二步：小训练

与一个你信任的人谈谈，你是否可以跟你的冲突对象说这件事。很有可能在你信任的人鼓励你选择更直白的用词后，你的一些表达会变得过于具有攻击性和批判性。

第三步：谈话

现在开始实践步骤：恳请你的冲突对象进行一次谈话。不要站在门口急匆匆地说几句就完事，而是预约一次真正的谈话。这样你们双方都有了无论内在还是外在都做好准备的可能，也能够在行为中保持谨慎。只提及谈话的主题，不要涉及内容，就算诱惑很大或者对方要求你这么做。

第四步：反思和评价

谈话的最后请你做一个小总结：谈话进行得如何？你做到了什么？（仔细观察这一部分，这对学习过程中尤为重要！）什么地方你还可以改良？下一次你会注意什么？那么在下一次谈话或者下一次冲突中你要这么做：以一个单调的练习开始，和一个信任的人交换意见。通过这种方式你也会越来越了解自己，也会更有意识地去感知自己冲突行为的变化。

如果对方是“制动员”

这种情况下我建议你：不要出于冲动和他说话。这样做刺激到他的风险相对很大。最好的做法是选择一个你可以集中精力并保持平静的时机。“制动员”感知紧张的触须要调整得十分精准，如果你给谈话带来了太多的压力，你只能招来一些防御行为。不要放任自己一感到愤怒就冲动得一发不可收拾。冷静的头脑会告诉你，你想解释什么，这样你才有更多真正了解到对方的机会。

加油

现在我们来到另一个极端。有些人在争吵和解释中会猛踩油门，以至于他们越过了目的仍在飞奔，还伤害、吓唬或者恐吓对方。他们非常易怒，行事冲动、尖锐、玩世不恭或者冷漠无情。他们表现出与“刹车型”截然相反的冲突风格，扬扬得意地以让每个在场的人都能听到的大声宣称：现在他那儿可没什么好果子吃。他们会全速进入对峙状态，直截了当地表达出自己的愤怒。朋友、家庭和同事会思考再三，要不要冒险和一个“飙车党”谈话。和“刹车”模式一样，这种极端行为也建立在一个出于急需才产生的内在信条上："如果我不大声地、明白地说清楚什么惹着了我，就没有人搭理我，也没有人会仔细听。"如果谁在争吵中一直很大声、很激烈，那么在多数情况下他一定不只在跟当下这么一个问题做斗争。

在他心中，一段"那里和当时"的过往关系经历还一直运转着，他会把它转移到"这里和今天"上来，这发生在无意识的电光火石之间。当事人通常不愿意讲述自己为什么会表现得如此激动，他最多会把原因归咎在对方的不可能性上，这样就能将他的行为解释为不得已而为之。"不然那个米勒根本就搞不懂！""加油"这种行为模式可以与高压阀的工作原理类比。高压阀能保护系统（人）免遭压力损害。"制动员"避免解释性谈话，以此防止自己遭到外部压力的损害。而"飙车党"则通过把积累的压力向外排出给自己创造空间，从内部保护自己不受压力损害。在极端情况下，不满、生气、沮丧和失望会不经过滤地直接向外排放。"加油"模式的极限尺寸非常低，有时候表面看起来小小的诱因，就能引发超压反应。模式越强烈，一个人就越不能承担紧张，也就更容易爆发。

如果你自己是"飙车党"

在冲突情境中，你更倾向于越过目的仍然飞驰、行事强硬，还是更愿意表现得适当一些，更能让对方接受一些？如果 0 是指你完全能控制，100 指的是你会很快并且过度强烈地走向愤怒，0 到 100 分的评分标准里，你给自己打多少分，为什么？之后你会怎么办？

案例：小孩的爸爸叫他，他没有去，因为他正忙着做什么令自己兴奋的事情。爸爸走过去对他说："爸爸很难过你不听话，现在不想跟你说话了！”一种令人羞耻的、压迫的、惩罚性的举措，或者就像这个案例中，一种取消关爱的方式，是对孩子自我肯定冲动的一种常见回应。这会引导孩子学会一种适应行为：“我做你想让我做的，这样你就会对我好，一直喜欢我。”之后这个孩子便会压制自己的冲动，按照别人对他的期待行事。而同样的经历却不能引导另一些孩子学会恰当的行为，而是将他们引入了抗争和逆反：用压力来对抗压力！他们学到的是：“如果我不为自己的需求战斗，我就没有机会了。”有的孩子在年纪很小的时候就表现出了叛逆，随着年龄的增长，他们就越来越不让父母说教自己。如果和相关人的依赖关系很早以前就结束了，那么这种行为也可以在很晚的人生阶段中才出现。

你有没有经常收到反馈说你的反应太激烈了，别人被你的行为吓到了，因为你说话太大声或者做事太强硬了？你这些行为多半是有原因的，但是这些原因也必须在情境当中才能找到。或许原因存在于你被训练的和冲突打交道的方式里面，也就是你的冲突社会性中。你这样行事的结果是什么？你在避免什么，你保护自己免受什么的伤害？如果你不那么激烈地行事，那么会发生什么？

离油门远一点

在我看来，对行为模式进行改变的第一步也是最重要的一步，就是找到背后的原因并且对之作出评价。用这种方式去认识并且弄明白，为什么以这种方式进行防御是必要的。在自我剖析的过程中，请专家（咨询师、培训师或者心理医生）帮助我们更好地理解自己，是很有益处也是很必要的方法。长期以自己的行为为耻，或者用过度的自我批评来苛责自己，其实会助长那些令人不悦的行为，内在的紧张程度也会提升，而压力也会增强。你想学习如何把脚从油门上拿开，那么你就需要一个缓冲器。具体来说，这意味着你在一个很有可能爆发的情境里，并不采取直接的应对措施，而是选择一种时间上的延迟。一个对比会更清楚地解释这个原则：拿一瓶含气矿泉水并且用力摇晃，如果你这时打开瓶盖，里面的水会喷溅而出；但如果你稍等一会儿，等到碳酸被水吸收以后，再打开瓶盖就没有危险了。已经减小的压力会让你在开瓶的时候听到一些嘶嘶声，但是你再也不会被溅一身水了。当然你可以选择从一开始就不去摇晃矿泉水瓶——但是在和他人的交往中，压力的出现并不是那么容易掌控的。一些事情会把我们搞得心烦意乱，这是必然的，我们只能在一定程度上影响它，却不能完全避免它。我们现在可以学习另一种途径来处理产生的内在压力。

具体做法就是，面对压力情境时先深吸一口气（别忘了吐气哦），而不是直接采取措施。如果有必要的话先跟对方道歉，然后短暂地离开一下屋子，“蒸发”一下。只要你和对方不再联系了，你骂人也好、生气也好都没关系。这样一来你就成功避免了尖锐的回应以及潜在的有伤害的各种可能。当你想要重新开始的时候，你也会有良好的状态，可以平静地阐述什么让你生气了，为什么让你生气。这么做的目的并不是让你把愤怒和针锋相对隔绝在交流之外。更重要的是让大脑和心智重新统一，给愤怒一点空间，并且拿走它破坏性的、造成恐惧的尖角。如果事关重大，你可以把自己的反应不只是延迟区区几秒或者几分钟，而是正儿八经地延迟，这样你就可以获得面对事件的一定情绪距离，从而对接下来的谈话做好准备。我给“制动员”的建议是，做好对话的准备，为对峙赢得内在的安全感；而对“飙车党”我则建议进行有条理、有结构的谈话准备，这样才能更好地约束自己（请参看第六章中“解释性谈话”一节）。

如果对方是“飙车党”

怎么办？我们首先要弄清楚的问题是，你的痛苦底线在哪里。没有谁会在被大吼大叫以后还能感到愉悦。有的人会开始紧张，有的人会觉得他人令人愤怒的吵闹行为很失礼，但是他并不觉得害怕。而有的人生气得都不想搭理对方了，结果对方却还觉得对自己没什么错。

只有你个人的痛苦底线才算数，别人在同样的立场上会如何感觉、思考或者行动都和你无关。请认真对待你的痛苦底线。如果你任由别人不断地突破你的疼痛底线，那么它就会对你造成双重伤害：如果你忍耐飙车党带来的伤害，这种忍耐行为本身还会再度伤害到你自己，因为你突破了自身的承受能力。或许这就是你该做的：允许自己设置底线。第五章（“内在建设”）可以帮助你更好地了解你的内心该如何滞后刹车[①]，从而保护自己。

对于那些又吵闹又尖锐的人，反驳才是真正有帮助的做法。比如你可以清楚地说：“我乐意听取你的批评。但是我不允许你冲我大吼大叫。”飙车党不习惯别人跟他硬碰硬。对出乎意料的逆风的愤怒，可能会让他放弃加速。一声洪亮清晰的“停”，加上明确的制止手势，也可以达到一种制动效果。但反过来说，每一次的叫板也都会有刺激到飙车党的风险。我建议你在最极端的情况下离开这条弹道，离开这

---

① 体育用语，指赛车驶入弯道时赛车手有意识地滞后刹车，从而超过对手。

间屋子。你可能无法直接影响对方，但你可以决定是否不再继续某一种行为。你可以在之后的谈话里平静地、清晰地解释为何要这么做，以及如果必要的话，你还可以这样做。对于这个话题我在研讨课上时常收到同学们惊讶的反应:“什么,我可以就这么简单地离开房间吗？”我们对这种做法的可能性和合理性认识得越确切，对于“真的可以离开”的怀疑也就越来越少。

对我来说这是一种标识，可以用来判断某些人能忍受多少残忍。他们如何理所当然地把可行性和适应性置于自我保护之上。专业的帮助在这里也可以减轻你的负担并为你提供支持。培训师可以依照你个人的意愿以及方案在你身上的可行性，帮你制订和难相处的人交往的策略。心理医生可以帮助你打开封闭的内心，解除禁令，它们会阻挠你捍卫自己的利益、设置边界以及保护自己。

制动员会压制自己的愤怒，而飙车党却会推动它向前。让我们更仔细地来观察一下愤怒，这种在两种冲突模式中都会给人带来麻烦的情绪。

愤怒

人们会用哪些不同的方式展示自己的愤怒？愤怒是什么感觉，它如何表达？一个愤怒的人对你有什么影响？在语言上我们有很多不同的表达方式：暴怒，被冷酷的愤怒包围，想要杀人的愤怒，疯狗一般冲谁发火，对某人有毁灭性的愤怒，被激烈的愤怒冲昏了头。愤怒是一种强烈的、很难控制的冲动，它产生于我们感觉自己被一个人或者一种状况极度束缚的时候，或者在我们自己或者别人身上感觉到不正确时。愤怒往往在更深层次上与第二种情绪相关联，那就是悲伤。

一个人会先对另一个人产生愤怒，隔段时间后就会出现悲伤的情绪。或者正好相反，如果悲伤先出现（比如在分离的过程中），一个人有可能会在之后的某个时间点对所经历的不公或者受到的伤害产生愤怒。羞愧、自卑感和绝望都与愤怒有着精神上的相似，它们有可能在几秒钟的时间内就引发愤怒，特别是如果一个人还有“前史”的话。比如一个人还是小孩的时候经常受到打击，但是自己又没有办法与之对抗，愤怒就可能成为他的保护性反应。这是一种内在原则：“这再也不能发生在我身上！”一个朋友，也是一位和一些少年犯一起工作的同事，提出了下面的观点：那些由小时候被父母或者社会环境拒绝的经历而引发的悲伤和失望，不会被感受到。那些（多数为男性）年轻人塑造出一个强硬的、能控制情绪的男性形象，他无所畏惧，不会被任何东西吓到——这其实是一种让自己不再受到攻击和驯服自己内心魔鬼的尝试。如果谁有意无意地通过言语表达(“你想干什么？”)或者行为（超车、走路时有意无意撞到别人、过长的目光接触）触碰到了一些自尊伤疤，就会造成一场精神大火，大火中的年轻人如果找不到其他办法就会变得非常暴力。权利行使的时刻他会同时在两条战线上开展斗争：他会向“入侵者”证明他是有优势的一方；向自己证明，他是强硬而能干的。有趣的是，如今“受害者”这个词在年轻人中间已经成为一个很不好的词。它指的是谁也不想感觉到的——而这几乎是每个人心里都在承受的：脆弱、羞耻和不受保护的感觉。在这个上下文中我们很清楚，愤怒也有保护作用，它带给我们生机和强大的感觉。生气和悲伤、高兴、恶心、恐惧以及惊讶同属于人类的六种基本情绪。它是我们情绪——和表达的多样性中的一个天然组成部分。愤怒会不会对谁有恐吓或者吓唬作用取决于这个人自己的人生经历。所以亲密的相关人对待愤怒的方式会影响我们成年之后那些与愤怒相关的情绪及行为。

孩子的情绪发展

小孩子的愤怒会直接从肚子里冒出来，不经过滤也无法从认知上进行控制，表达方式非常直接。小孩会大喊大叫、摇晃手臂，还有跺脚。他整个身体都感到愤怒，所以也会用整个身体来表达。愤怒的能量会转化为行动和音量，从大脑一直到齿尖。这会减少累积起来的压力激素。我们常常可以通过身体表达来观察小孩子的情绪。我印象中非常深刻的一幕，就是我一个女性朋友的小儿子第一次喝粥（而不是像往常一样喝母乳）的时候，当第一勺粥喂进他嘴里时，他的脸上出现了一系列不同的表达：先是对这种不熟悉的味道表示惊讶，然后便对第二勺有了抗拒，但之后又对粥的美味表现出惊喜，接着变得很兴奋，随后变成贪婪地想要吃更多。就像如此直接地表达对新食物的感觉，小孩子也会这样表达他的悲伤、愤怒、高兴或者需求。

孩子越小，他的身体就会越直接地反映出他内在的感受。随着时间的推移，他会从相关人敏感的反应中明白，愤怒或者悲伤的时候，他身上会发生什么。他会学着区分自己的情绪，并且越来越恰当地根据情境来表达它们。对孩子健康的心理成长非常重要的一点是，他要学会不必害羞地处理自己的情绪。孩子可以学会用一种自己接受的调节途径来处理情绪，他可以设置跟情境相匹配的界线，同时完全不会贬低自己的情绪（“嫉妒是不好的！”）或者自己本身（“弱者！”）。如果小弗兰克通过他父母不断的消极反应得知，一些特定的情绪比如悲伤并不受欢迎，那么他也会在自己的内心世界里运用这样的贬低原则：“我不可以悲伤。”成年的弗兰克则会用与父母相似的方法来面对悲伤。如果另一个人毫不顾忌地讲述了自己的悲伤，弗兰克会感觉很难为情，并且只能用很笨拙的情绪表达来面对这一切。一个人如果对一种情绪或感觉感到羞耻，那么今后他不仅对自己，可能也会对别人采取同样的拒绝方式。战后很多深受伤害的男孩使得这种现象为人熟知，因为他们有战争创伤的父亲们会纠正他们，不让他们表现出恐惧和悲伤——他们进一步发展了贬低和耻辱的感知模式，儿子们不能成为“弱者”，而应该变强和坚持自己。如果有这种基本特性的人遇到了恐惧或者悲伤，他心里以往的魔鬼就会被唤醒，与此相应，他会表现得无助或者好斗。

这种通过与相关人的消极共鸣得到的贬低情绪的痛苦经历也发生在女孩子身上。如果说男孩和男人都不愿展示软弱的情绪，比如悲伤、敏感或者胆怯，那么对女孩和女人而言，“强硬”的情绪，比如愤怒或者生气便更不会受到欢迎。我的一个女学员在表达愤怒方面有很大的问题。在她还是小孩的时候，只要一生气，她就会被父母送回房间：“你平静下来以后才准出来！”对孩子来说，如果没有和其他人正确的交流经历，没有得到充满爱意的关怀、理解或者处理情绪方面的帮助，那么受辱和羞耻的反应会给孩子造成深深伤害。如果把充满爱意的关怀自动理解为放任一个孩子做任何事情，那也大错特错。正确的做法是，告诉那个生气的小孩，他的意愿（一个冰激凌）或者他的行为（很晚了还不睡觉）不被允许，但是他绝对可以因此生气。

腹怒和脑怒

作为成年人我们不再完全用身体来展示愤怒，因为我们已经学会了调节情绪。想象一下，要是女老板由于你同事一场糟糕的报告就躺在地上大吼大叫，还伸胳膊蹬腿儿，看起来一定很奇怪。由于每个人的社交习惯和脾气不一样，愤怒会有很多不同的表达方式，文化背景也会对其产生影响。

想象一下，一位典型的意大利大妈，因为青春期的儿子干了一些蠢事，所以把儿子训斥了一番——此刻你眼前浮现出的或许是一个一边大喊大叫，一边挥舞着手臂、扬起眉毛、眼珠还在不停打转的女人形象。

那种从内心，从肚子里冒出来的愤怒，我称之为腹怒。这种愤怒是不受阻拦的、冲动的，只有发泄出来才能减少——就像俗话说的"撒气"。如果出现这种情况，人们或许也会感受到其他一些与愤怒相关联的情绪，比如失望或者悲伤。就算腹怒到了非常严重的地步，也引起了对方的尊重，一般情况下也不会给对方带来恐惧。腹怒不能同不加控制的爆发相提并论，它不包含任何毁灭性的东西，它是纯粹而开放的。孩子也会产生腹怒，如果他和这种情绪之间建立起一种联系，那么在今后的成长过程中，他就会保持这种方式。这时小孩子还无法处理腹怒的事件情境（动机、对象、角色等），也无法把握腹怒的程度和形式。成熟的处理方式中，当事人有能力感知而不是谴责自己的需求，直接地、不加掩饰地感觉自己的愤怒，并且调整它的表达。他可以按照现有的情境适当地表达自己的愤怒，同时也能对它可能造成的后果有所估量。

脑怒则是一种更为强烈的愤怒。刚开始时它也同样只存在于内心里，但并不像腹怒一样作为一种愤怒冲动从内心表达出来，而是像弹球机的球一样在内心的迷宫里转悠。途中它会碰到拐角和斜坡，会改变路线，所以有可能会在任何一个中间站出现。这种愤怒感最原始的热度和活力会在途中降低，慢慢失去它最初的冲动性。

那座内心的迷宫是由情绪表达的经历组成的。如果一个人对情绪的自然表达被暴力、严苛或者羞耻阻碍过，那么此后他就会通过一种内在的控制机制来处理新出现的伤害或者羞辱。他会无意识地先将愤怒冲动用所有学到的方法过滤一遍，这样最后就只剩下当事人自己可以掌控的那一部分。但通过这种内在的控制和过滤方法，愤怒并不会被削弱，反而会适得其反，它有可能变得比腹怒更严重，因为它和以前感受过的轻蔑、打击、忽略或压制混杂在了一起。引发愤怒的情境（某人觉得自己不被重视）会触及那些以往的经历，连同它们伴随的情绪（羞愧、愤怒），并且诱发新的强烈反应。所有这一切都是在无意识间急速发生的，“休克愤怒”恰好诠释了这种情绪波动。愤怒本身是一种强烈的、需要表达的和敏感的情绪。只有在愤怒无法表达的情况下，当事人所感受到的无助才会造成软弱无能。

腹怒发生在较高的起点，而脑怒随着对方的贬低会从上而下地运行。当事人会不断重复他身为落败者的那个场景。腹怒以表达为基准，以释放力量为目的；而脑怒是以效果为基准，它寻求的结果是得到公正，让对方闭嘴，战胜对方，控诉消耗对方，让对方痛苦或者判决对方。

简而言之，在此刻的动机之外，引发此时此地状况的，也是彼时彼地诱发事件的原因。极端的脑怒是一种毁灭性的愤怒，它无懈可击、强硬、冷漠、锋利、傲慢而且自负。它会引起对方的不安全、惊吓、恐惧、被贬低的感觉或者（作为防御）同样强烈的愤怒。脑怒很容易传染，如果对方也是一个倾向于脑怒的人，那么他在受到轻视或者诽谤时很有可能以牙还牙。这样就埋下了事件升级的祸根。腹怒里一直存在着一个权力问题：谁说了算？谁执行？谁掌权？相比之下脑怒则更有分开或者恶化的危险。在极端情况下，强烈的脑怒很少无缘无故地发生，当事人在自己的分析和批评中就像外科医生一样精确。对方会有面前有一堵钢墙的感觉，使得他无法碰到对方，关系线好像被中断了一样。你很难打破一个倾向于脑怒的人的模式，他的情绪联结可以在几秒钟之内就开始运行。

案例：一位女士经营着一家马匹养老院，其中有一匹已经 15 岁的老马。这匹老马生病后被送去兽医院接受治疗，后来死于一场手术。老马的主人非常震惊。当他第二天来到马厩时，他发现那匹马原来的马厩里已经有了一匹新马。这个意料之外的场景让他毫无准备并且非常痛心。接下来的几秒钟内，他便产生了一种冷漠的愤怒。他找到养老院的女院长并用尖锐的语调说："我已经支付了这个月的所有费用，你可以在你们的账簿里清楚地看到到月底还有 6 天的时间，这 6 天属于我的租期，你无权在这个时候把我的马厩租给别人。如果你还是一个懂礼节有分寸的人，那就请你按合同办事！"他批评了院方的疏忽并且指明了自己的权利。关于他的愤怒和悲伤他一个字都没有说，整个过程中表现得非常强硬和克制。唯独他的口气和他精准的措辞透露了他伤痛的信息。尖锐的批评让院长很难表现得温和，也很难道歉。这份控诉太严重了。所以她也表现得很脑怒，并且指责他贪财。院长觉得他应该很高兴这个马厩已经有了新的租客，这样他就不用支付接下来的租金了。短短的几分钟里双方都受到了一些伤害，但本质问题始终没有被谈起。马的主人沉浸在自己无法言说的悲伤里，而女院长由于没有在计划马厩用途时考虑周全，此时也感到内疚。几秒钟之内悲伤就转化为了愤怒的保护机制，还引发了谴责、强硬和控诉，如果得不到解决，那么后果会很严重。如果那位先生想要开放而直接地表达自己的感情，那么他或许可以这么说："我完全被震惊了！我走进那里，看到马厩里是一匹我不认识的马，这对我简直是当面一击。你就这么把这个马厩给了出去，有没有考虑过我的感受呢？"反过来女院长也可以有别的处理方式："你说得对，很抱歉。我随意就安置了另一匹马，这很不周到，我并没有考虑周全，没有顾及你的感受。"

就算在脑怒攻击非常难以控制的时候，我们也可以学着用另一种途径来处理情绪，寻找强硬行为出现的原因。

这需要练习，也需要做好探究自己行为的准备。如果遇到了脑怒的顽固形式，请一名培训师或者心理治疗师来做一下背景阐释会很有帮助。

心理助燃剂

有些影响因素会把一次交流变得额外具有情绪负担，额外激烈（特殊情况下脑怒也是如此），所以我把它们称为"助燃剂"。接下来我要向你们介绍三种助燃剂，如果你了解了助燃剂会在冲突中起到火上浇油的效果，那么你就可以在应对的时候对其进行反向操作。

刻痕侧写

如果哪天你非常仔细地观察自己身上的皮肤，你会发现皮肤上有很多细小的、当然肯定也有一些较大的伤疤。每条伤疤都有自己的故事，它们可以保存一些你的记忆：骑车摔倒、臀部手术或者被狗咬过。虽然这些伤早就痊愈了，但是伤疤还是清晰可见的。比起已经痊愈的健康皮肤，有的人对自己的伤痕更有一种别样的感触。我们一生会遇到许多大大小小的伤害，它们会在身体上和心理上留下疤痕。要是某一次的伤害留下了很深的伤疤，那么它在我们的脑海中就是一次印象深刻的经历。伤害也会在心理上留下印记，我们可以把它们想象成刻痕。

如果一句特别的话或者一种行为触及了某一条老的刻痕，我们就会感到不舒服甚至痛苦。这就像是一种伴随着愤怒、不满或者悲伤的新伤害。有没有触及刻痕会在内心的反应中表现出来：如果你对已产生的结果感觉特别强烈，那么就可以确定这一定是触碰到了某种以往的伤痛。

案例：麦丝小姐很生她的一位女同事丽格小姐的气，因为丽格总是在倒走咖啡机里最后一杯咖啡之后不煮上新的。当她跟丽格小姐谈起此事时，丽格小姐道了歉。麦丝小姐指出这不是第一次发生了，请丽格小姐以后一定要记得煮上新的咖啡。丽格小姐眨着眼睛说："没问题，我以后一定记着。但是现在你不要把蚂蚁小的事当成大象了呀。"麦丝小姐无语了，她走出房间并且对丽格小姐感到极度生气，她觉得这个女人简直厚颜无耻！当她跟一位闺蜜讲了这件事之后，闺蜜很惊讶："你为什么要这么生气？那个丽格接受了你的批评，还说了她以后会注意的呀。"

直到和闺蜜聊天的时候麦丝小姐才发现，真正让她生气的就是那句“你不要把蚂蚁小的事当成大象了呀”。她的前夫以前就常用这句话来轻视她的愤怒，所以这句话让她很生气、很受伤，也很无语。由于在一个类似的批评情境中听到了同样的话，所以麦丝小姐没能注意到丽格眨眼睛的动作和示好的态度。在和闺蜜把真正的诱因聊明白之后，麦丝小姐才看清了眼下的状况，也才能重新整理自己强烈的愤怒。现在她明白了，女同事对她其实并没有恶意。这个认识也会帮助她在今后遇到同样的情况时控制住自己的怒气。

投射

投射属于所谓的心理防御机制。和我们自身形象不符的感觉、特质或者行为方式（因为我们认为这是难为情的、不正直的、有威胁的或者不适当的）会被我们的意识排除在外。舒尔茨·冯·图恩说过一句话：“己所不欲，便施于人！”如果我拒绝竞争行为，我就会在别人身上过于强烈地寻找踪迹！“一个很轻微的拒绝行为已经足够（就像过敏反应一样）在心里成为一种贬低。投射怀疑容易产生于我们对另外一个人有过分强烈的情绪反应时……”（《相互交谈从头到尾——交际心理学百科全书》，舒尔茨·冯·图恩、扎赫、左勒，2012，第172页）

案例：普利斯克先生是我研讨课上的一位参与者，课上他问：“一位同事一直很对我耍心眼，我该怎么和他相处呢？”

通过对背景的进一步调查我们发现，那位同事并没有表现出耍心眼行为的动机。对此，普利斯克先生说，他就是有这种感觉，并且已经做好了应对的准备。对于我的问题——面对一个推测中的耍心眼行为他想如何准备，他回答说："我可以观察他行为中的特定标志，仔细想想什么可以跟他说，什么最好不要跟他说，什么时候我把他考虑在内，什么时候不考虑。作为新同事他不可能什么都知道！我已经开始小心了。"其实此刻普利斯克先生自己正在耍心眼，并且把这种耍心眼的行为投射到了同事身上。

那些你在自己身上不喜欢的、很难或者完全不能接受的特点或者行为方式特别容易被投射。如果你认识到了自己的投射行为，那么你就已经迈出了很重要的一步：你揭露了这种机制！接下来你可以问自己：投射和我自己有什么关系？比如普利斯克先生对那位同事抱有不确定所以才想要寻求对控制力的掌握。只要他意识到了这一点，他就可以将自己从对同事的投射中解放出来，并且去思考自己如何才能获得更多的安全感（比如他可以和新同事共进午餐，从而更好地了解他）。

传染

传染指的是，我们会把以往关系中对我们产生过影响的经历和现有的交流联系在一起，直到我们把它和老的关系"交换"。一位女士对所有大胡子戴眼镜的男人都有同样的感觉，就像她对她严厉的父亲的感觉一样，他父亲生前就留着大胡子，还戴眼镜。这种情况我们就称为传染。发生传染的原因可以是外部因素，比如身高、外表、着装风格或者走路的方式。一个人的声音、说话方式或者气味也可以是传染的刺激诱因。一位女性朋友觉得她的新同事很讨厌，不久之后她说，现在她知道她的反感从何而来了：这位新同事和他叔叔用同样的香水。那种气味诱发了她的消极情绪，而这些坏情绪原本是关于她叔叔的。

在和难相处的人交流时，有可能你会把自己的东西传染给他，也有可能你会从他身上得来一些原本不属于你的东西。并不是所有我们从他人那里得到的反应，都是他人真的要送给我们的。处理传染和处理投射一样：认清这种机制是清除它的第一步。找到潜在传染的踪迹并不意味着能立马把它们清除，但光是这种察觉就能中断它的自动性：你可以自主地决定自己想要如何的行为，而不是按照一种心理反射来采取应对措施。

冲突预防

在讨论过冲突的产生和发展以后，现在我想谈一些可以预防冲突的因素，这些因素一旦被无视就很容易发展成典型的冲突诱因。

明确角色和任务

如果你要和别人一起工作，那么你们应该提前讲清楚各自的角色、任务、管理权和责任该如何分配：谁做什么，做到什么时候？谁给谁传递信息？谁承担什么任务，对什么负责？如果大家都要对结果负责，或者用不同的方式相互依赖，不明确性就会导致不必要的紧张以及本可以避免的冲突。比如，如果我只是跟我的女同事说，我们要“尽早”安排好研讨课的教室，这是不够的。我认为的“尽早”是上课前一小时，这样我们就有时间一起商谈课堂的安排，讨论每一个细节，说不定最后还能有时间一起喝杯咖啡。而我同事对“尽早”的理解却是开课前半小时。

解释期待

你对和好闺蜜一起旅行有什么畅想？如果你觉得所有事情大家都应该一起商量，而你的朋友却觉得每个人应该有自己的自由，做自己喜欢的事情，最后就会产生失望或者气愤。只有双方在时间、地点方面都恰好合适时，才能交流各自的期待，而不是把自己的想法强加给对方。

明确的约定

“我们下一次再讨论结果！”谁来整理结果？谁来做报告？下一次是什么时候？明确的约定是一种重要的冲突预防措施，不然每个人心里都有自己的理解，这会造成你们大家肯定都知道的混乱：

A：我以为你会……

B：凭什么是我？我还以为你会……

并不是所有事情都能提前约好，就算有了很充分的准备，不明确性也有可能产生。但只要有了清楚的约定，就会少很多紧张和压力。

接受差异

人和人在很多方面都有所不同，比如他们（不）说什么，怎么说，怎么争吵，怎么工作，怎么应对出乎意料的事情，怎么面对伤害。在我们自己的方式里，我们可以很好地或者至少还不错地相互适应。冲突预防中还包括在一定程度上接受人和人的不同，对差异保持宽容。可能你认为我已经写过很多次，如果把自己的行为当作是正常的而把别人的行为当作是古怪的、奇特的，就很容易走进紧张和压力。如果你能成功地搞明白困扰你行为的背景（别人为什么这样做而不是用其他方式），你就表现出了你已经做好了和对方相互理解而不是直接谴责的准备。

不要从自己出发推断别人

这一点我已经说过了。我们总以为对自己好的，对其他所有人都好。众所周知，通往深渊的路就是由好的出发点铺成的。

从自己出发来推断别人可能会把事情搞得很糟糕，因为不是每个人都喜欢，比如：

○别人谈及他的心情；

○被问到自己的情绪；

○收到惊喜（比如在生日当天）；

○别人一直为他提供帮助；

○别人抢在他前面分担他的工作；

○不经过同意就给他回馈；

○给他的工作提出改善建议。

提前行动

山上不稳定的积雪层可能会引起雪崩，雪崩会在山谷里发出雷鸣般的巨响并且给那里的道路造成巨大损失。有些冲突也会如此。我做团队咨询师的时候总会发现，两个或多个参与者之间已经恶化的矛盾其实根源都在一些“琐事”中，有时甚至是多年前的小事。错过了纪念日的庆祝，分配笔记本电脑时不受重视，被遗忘的邀请或者批评性的追问。当另一个部门的同事需要一条信息时：“你为什么要知道这个？”这些或者类似的小事都会成为冲突发展的爆发点。事实证明，回头重新看这些事，因为当时当事人自己没有把不满表达出来，所以在已经耕好的田地上生长出了更多的气愤。人们错过了正在生气时道歉的机会，或者后来也没有弥补。冲突如果没有被足够清楚解释，就会不断地加深。

我建议，认真看待自己和别人的反感，讨论它，只有摆上桌面的东西，才能被解释明白。

忍受紧张：是这样吗?

正如我已经多次提到的，冲突能力中也包括忍受紧张的能力。有的愤怒是无法解释的，因为当事双方的“化学成分”本就不合，两人在一起水火不容。这种情形也可以被降温。不要试图进行太多的解释尝试，而是忍受现状，只在内心里进入“暴风模式”。如果下雨了，人们可能会因此烦恼。但也可以就让它这么下着，给自己穿上雨衣或者带一把雨伞。老实说，天气并不会因此转晴，但是至少人不会被淋得太湿。忍受紧张指的就是用另外的变通方式忍受你周围的人。

询问而不是臆测：“你是什么意思？”

请你想一个词“bank”，你看到了什么？一家金融机构，还是一种坐具？再想一个词“birne”，你看到了什么？一种水果，还是一种照明工具？[①] 概念会唤醒我们个人的想象，并且与主观的语意情境相

---

① 此处的bank和birne在德语中都是多义词，bank可以指银行，也可以指长椅；birne可以指梨，也可以指灯泡。

关联。这不只发生在谈论多义词的时候，对我们整个交流而言也是如此。

当一位教练跟他的助理教练说应该更加激励队伍时——他到底是什么意思？助理教练会有自己的理解并且采取相应的行动，他理解的“激励”可能是下一次训练的时候督促他们快点儿；而教练所指的是应该给予队员们更多鼓励的反馈，这是一种完全相反的理解。

通过谈论怒意，我们可以避免许多冲突。尤其是在一种表达给人造成伤害的感觉时，不去探究对方在想什么往往会造成更多危险。

案例：一家公司的营销经理对老板的营销策略提出了批评，老板对他非常不满（“这不会有用的！”）。对于这个已经很糟糕地被表达出来的批评，老板并没有去询问营销经理（“你到底指的什么？为什么你觉得这会没用？你是从哪里看出来的？要怎么做才能让它有用呢？”），而是把这种表达当成了对无能的指责，还把营销经理排除在接下来的计划之外，尽管营销经理是公司实际操作的中流砥柱。营销经理觉得自己被无视了，半年以后就离开了这家公司。

行为模式的改变

我的客户经常问我，一个成年人的行为还有没有改变的可能，因为行为的古怪模式已经经过了几十年的发展累积，并不能再像年轻人那么灵活。对成年人来说，其实也不是没有改变的可能，只是改变会更花费精力和时间。

一个人的行为模式会受到自我反省、学习（比如学习关于交流的知识）以及他人反馈的影响。每一种模式都反映出一定程度的稳定性，对自己行为进行改变的困难程度也会因人而异。这意味着要费一些精力来改变习惯。在刚开始或者在压力很大的情况下，人们会很容易又倒退到老的行为模式中。其中的一个原因在于我们大脑的工作方式，它会尽可能地节省精力，而一种节省精力的方式就是自动化——已经在我们大脑里自动运行的东西，我们就不需要再有意识地进行思考，所以耗费的精力也就会减少。

谁进行过修改行为模式的尝试，谁就知道要想不“旧病复发”有多困难。你可以想象一下：你开车穿过一片青草地，第一次你只会在草坪上留下很浅的轮胎印痕。但当你重复了十次以后，人们就可以清楚地看到你的行驶轨迹。如果你每天都开同一条路，那么车辙就会越来越深。十年以后，草地上会刻上深深的印记。如果有一天你决定，不再沿着这条痕迹而是稍微靠左或靠右一点行驶，你就得高度集中精神，不让自己滑入那条旧的痕迹当中。

我们的大脑也有类似的机制，已经学会的或者在人生中已经进行过上百次的冲突行为就会按照这种原则发挥作用。你依然可以改变你的行为，只要你掌握以下两个动机中的一个：

1. 这是你的个人意愿。你想要这样的改变，因为你觉得这样的行为已经无益了，你和他人都深受其害，所以你决定今后要有不一样的行为，并且你对这种“不一样”已经有了一定的预想。所以你进行尝试，如果得到了积极的结果，你就有动力继续坚持。你越频繁地重复新的行为，你的内心就越认可它。

2. 意愿来自外界。你周围的某一个人希望你改变行为方式。这种意愿并不来源于你自己，或许你从来没有觉得这种被批评的行为有什么毛病。那么你就要面临是否接受批评的选择，可以仔细查看这种行为到底是如何给周围人带来困扰的。

自身的意愿和信服是对行为改变过程最有效的动力。如果一个人并没有真正理解和接受别人对他行为的批评，也没有给出自己真实可靠的回应，那么这种改变就是浮于表面的。如果一个人认为改变毫无意义，那么行为就无法和他的个性相联系。

就像移栽一株植物，到了新的土地它不能正常生长，这种只为做做样子的改变也不会真有效。有时候由于某种来自外界的压力环境，最早的“外界要求”也会发展为自身对改变的意愿。

第五章

内在建设

否定了内在部分，却仍相信可以得到幸福，这样的想法是荒谬的，如同一位钢琴家想要只用黑键来演奏所有的乐章。

——加布里尔·恩德

如果一个人的言行依照内心所想，那么他的行为就是可信的、真实的；而如果他假装，那么行为就不可信；如果谁心里承受着强烈的压力却想表现出很耐心的样子，那么别人不会把他的耐心当真。我们有什么样的心情，我们内心的状况是怎么样的，对我们的个性有着直接的影响。所以，探寻我们的行为举止从何而来可以帮助我们在面对未来的交往和事件时，在心理上尽可能“做好建设”。在团体运动中，好的准备指的是正确的队员站在正确的位置上，从而整个团队可以很好地合作。当我们按照情境的要求有一个清晰的、目的明确的态度时，我们就拥有了一种适当的内在建设。

案例：试想一下，一位以拘谨死板出名的女邻居站在家门口和你谈话，她指责你昨天又在下午三点前开始修理草坪：“下一次我就报警，你等着瞧！”面对这个令人惊讶的突袭你表现得很冲动，并且对自己的反应多少还挺满意。假如你在你的信箱里发现了一份带有明确谴责的通告还有威胁——比起冲动的碰面，你可以做好下一次对付那位邻居的准备。现在你知道了，你会收到反对意见，也能更强烈地影响自己什么时候该用什么样的情绪反应。一会儿我们再回头说这个例子。

在交往中，适当的内心建设和很多问题相关：你是否可以表现得可信？你是否能够建立信任？你的界限信号是否会被认真对待，要看你是否有说服力。当你想要解除封锁或者改变已成为习惯的行为模式时，你就有必要处理一下自己的内心世界了。舒尔茨·冯·图恩于 1998 年提出的“内在团队”是一个很棒的用于更好地认识自己的模型，对如何解决难题、作出决定或者处理情境，它都能提供好的方案。

“内在团队”

每个人都明白在某个情境中被东拉西扯的感觉。特别是当你承受着时间压力还要作出艰难的决定时，矛盾心理会让人十分疲劳和痛苦。内在团队的作用便是找出这种内心东拉西扯的原因：一个情境中我们心里包含的思想、感觉和冲动都会被辨认，然后被绘制（这可以自己完成，或者通过与培训师谈话实现）为纸上小小的角色，也就是所谓的内在队员。每一个角色都会有名字和性格，这些元素将尽可能精确地描述他们对主体的作用。

冲突中经常会出现如下队员：一个伤心人，他感觉并承受着伤害带来的痛楚；一个复仇者，他很愤怒，并且想要保护自己，伤害越大，复仇者就越活跃；通常情况下还有一位正义使者，他要求别人都要看到他们自己做错了什么。

当人们用内在团队的模式看待自己的内心世界时，会出现一幅能将自己感受到的“混乱”生动反映出来的画面，它能帮助我们清楚地认识到自己的立场和决定。内在团队多数时候是在专业咨询时建立的，也可以很好地用于自我反思的过程中。

内在队员

每一个内在队员都是从属于你的，他们每个人反映出你人格中的一个棱角，他们的本质和职能互不相同。有的很社交（热心肠或者乐于助人的角色），有的很严格（道德卫士或者监工角色），有的很理智（战略家或者质量把关员角色），有的有很情绪化（多愁善感的人或者友爱的母性情怀）。队员之间有联盟、阵营、友谊或者敌对。他们之间的关系和一个真正的工作团队类似（这也是这个模型名称的由来）——它们会相互结成联盟，也会相互争吵、支持或者相互阻碍。由于他们彼此相处的方式不一样，工作的氛围或许是和谐而又有条理的，也可能是可怕的、分崩离析的。如果你感觉辗转难眠或者头疼欲裂，我们可以说，你的内在团队中有一些队员扭打在了一起，它们造成的紧张感便反映在了你的身体上。

头目和“内心舞台”

对情绪状态很重要的一个影响来源于内在团队中队长和队员们的关系。队长，也就是所谓的头目，就是你：就是正在阅读本书的这个人，就是那个对自己内在事物的观察者。如果你很努力地想要接受一个特定的队员（因为你不愿意，甚至想要拒绝），那么它也不会听你的。或者比起勤奋的人和热心肠来说，你更容易站在内在的懒汉和自大狂这一边？

对于很多人而言都是这样，因为人们普遍认为无所事事和自我中心主义是消极的，而勤奋和热心在社会上会得到正面的评价。内在团队的画面中，我们想的却是另外一回事。我们不是仅仅按照“好”和“坏”来评价队员，而是保持开放的态度，欢迎他们向我们展现自己本来的样子！他们都很重要，都有一定的发言权。正是在他们的多样性中，我们才成为了这样的人。此外，他们还有保持平衡的潜力（在队长的允许和支持下）。如果一直是勤奋者的角色当家，那么早晚有一天你会精疲力竭。而如果一直都是热心肠说了算，那么你自己的需求就会得不到足够的关注。

在我们的想象中，我们认为内在的团队队员们都是在一个舞台上行动的。当一名队员出现在舞台上时，你就会发现你正在处理一些特定的想法或者感觉。当你很害怕地发现，还有几周一本书的初稿就必须上交时，压力大的女作者就上场了，并且跟你说："你必须遵守合同期限，你别无选择！"紧接着懒汉角色又说话了："都快圣诞节了！我要在烛光中躺在沙发上，欣赏美妙的音乐！"两者都有各自的正确目的，而且两者都是为你好。就我自己来说，我觉得有些事情事先计划一下会更好办（今天再写十页就可以去沙发上躺着了）。如果双方真的吵得不可开交，互相诋毁还把生活搞得很糟糕，那么队长也不会好过。很多时候都是当内在队员不和或者吵起来的时候，我们才会发觉他们的存在。

虽然我们在不间断地思考和感知，但是思想和感觉就像背景噪音一样，只有当内部队员相互之间发生摩擦的时候，你才会有意识地去感知思想和感觉，把你的注意力转移过去。队员们会督促我们走向真正的理解，并且还会混合一些身体语言，这样才能对我们有所震动、掌握或者有所启发。

如果你觉得这个模型对你有用，那么我推荐你舒尔茨·冯·图恩的那本《交谈3：内在团队和符合情境的交流》（2013）。把内在团队作为自我训练的工具是一项高水准的工作，如果你想要独立完成的话，那么你需要一些练习。为了让该模型在我的书里也达到让你获得具体的知识，向你展示实践可能性的目的，接下来我会把我的焦点放在那些经常与难相处的他人有关的单个内在队员身上。无论是在自己身上还是在难相处的人身上，你都会碰到一个或多个这样的队员。对这些队员的辨别和鉴定，对与自己交流以及和他人交流都很有帮助。

内在矛盾

研讨课上，德蕾小姐讲到了对她私事过于感兴趣的老板。几年前她曾当面跟老板提起她想要去沙滩度假，从那时起，每次她去度假前老板都会问她，这次会不会去裸体海滩。

德蕾小姐觉得他纠缠不休的问题“很不恰当”，但仍然放任她的老板这么做，只是每次都回答一个简短的“不”字。当她讲述这件事的时候，她用一种比起拘束更像是掩饰的方式笑着。对于她老板的做法我很生气，我也很惊讶德蕾小姐的样子看起来好像并没有生气。“我没关系——如果他觉得有必要的话，那么他就该来问我啊，对此我没有问题！”德蕾小姐接下来继续批评她的老板，还越说越激动。我和课上其他同学都觉得德蕾小姐在生她老板的气，但这种生气却没有得到正确的承认。我向她提供了这样的画面：“听起来，你的心里好像住着两个灵魂，它们在相互较劲：一个认为你的老板向你提出这样不正经的问题并不合适，我把这一部分叫作有胆量的界限守卫者，你同意吗？或许这个你会说：‘简直不可思议，老板怎么能说出这样的话。’对吗？说不定正是由于这位界限守卫者的积极劝说你才报了这堂研讨课，并且在课上讲述这件事。在界限守卫者旁边至少还有另外一个队员，可能是一位主权委托人，她有着完全不一样的看法。她或许会说：'不要理会！不然你还怎么立足？'也许老板会问她是否听不懂笑话。然后她就会陷入一种不舒服的境地。是这样吗？”德蕾小姐表示赞同，她说几乎就是这样的，好像她心里那位主权委托人禁止界限守卫者开口。我现在才认识到这种阴险的花言巧语的情况（如果谁想自我保护，就要担心是否会被当作小心眼或者不懂幽默的人），界限经常被以这种方式跨越。当事人为了不陷入这种局面，便选择了将就和忍耐。

德蕾小姐坚持认为老板的行为对她没什么影响，也可以理解为一种为了维护外在主权的权宜之计。这遵循的座右铭是：我不愿它对我有什么影响。通过宽容地对老板采取“免除”措施，并把这种反应作为有意识的决定，她又成了这个情境中的导演。我的观点是，这种解决办法毕竟是有代价的，因为她接受了一种干扰到她的交往，而这助长了今后更多的越界行为。

这个案例中究竟有多少单个的或者多个队员在相互争论呢？我们很难用言语清楚讲明白。

困难交往中的典型队员

让我们在内在团队的帮助下审视一下第四章中提到的用“加油”和“刹车”来解释冲突行为风格的隐喻：你选择刹车或者忍受着超过自己忍受能力的事情时，是哪些队员在起作用呢？或者反过来：是谁踩下了你的油门导致你脾气爆炸的？但是首先这些队员为什么要这么做，他们在你心里有什么意义？正如我多次提到的，理解“根源”是改变的第一步。毕竟所有队员对我们或多或少都有一些好处。他们想在危险时保护我们，让我们免受伤害。但是他们采取的方式方法并不一定都有帮助或者都很恰当。

下面的队员出现在和难相处的人打交道的过程中。我给每一个队员都起了名字（这里显然有不同），我会描述他们特征性的宣言、本质，他们固有的潜力，如果这位队员占比太大，最后我还会描述他有可能带来的危险。列表无法涵盖全面，但它会为自我反思提供实例。

斗士

宣言：我要赢！

本质：斗士有攻击性的潜质。他做好了为捍卫自己权益而进攻的准备，必要的话还会为了实现自己的利益而参与争夺战，他想要占据胜利者的位置。

斗士以自己的力量为基础，这是他独立性的一部分。他并不依赖同情与和谐。

潜力：斗士代表着勇气、自作主张和善战。斗士一般扮演守卫者的角色，他会保护受伤的队员（请看下面的：伤者），他会挡在他们前面，避免他们被别人看到。

危险：斗士有可能会采取一些不太恰当的斗争措施，甚至在有些并没有真正的敌人的时候，他也会战斗，并且一直处于警觉状态。斗士有可能给队长造成不必要的麻烦，并且还有可能把事态升级。他这种突出的好斗性有引发强烈反对和造成伤害的风险。

死脑筋

宣言：我无所谓！

本质：死脑筋是一名很孩子气的队员。他不会在乎自己在一件事情中是对是错。如果死脑筋不愿意，那么他就是不愿意，话题结束！我们也可以用倔强执拗来形容他。他是任性的、受感觉驱使的、意志坚定的，也是独立不受影响的。

潜力：死脑筋拥有自己的头脑，他可以变得非常倔强。他的潜力就是反对，敢于反抗和不服从，他能保护自己免受过分要求和过多调整的损害。

危险：当死脑筋做得太过火时，他会阻碍到队长。如果谁长时间地反抗和倔强，那么时间久了他就会越来越不受重视、越来越不被听从和考虑在内。过多的死脑筋会带来寂寞。

警犬

宣言：别靠近我！

本质：警犬是精力集中保持怀疑的。他记录着对方的每一个动作，随时准备起跳。一旦嗅到危险，他不会犹豫太久。尤其在若是有人越界时，他就会咬人。

潜力：和斗士类似，警犬也是好战而有实力的。他为自我保护服务，负责保持必要的距离。他将“我的”和“你的”领土区分得很清楚。队员中包括凶恶警犬的人，往往都有东西需要保护。他害怕攻击和越界，因为他已经经历过这些。

危险：和真的警犬一样，警犬队员角色也会冲他人“狂吠”，这样会吓到别人，给别人带来恐慌。如果警犬太野蛮，他会造成事件升级，或者导致一段关系的完全破裂。

批评家

宣言：这是错的！

本质：批评家会给出犀利的评判（“你犯了以下错误……”），但是这也可能是对队长的内在控诉（“你又失败了！”），这会带来很大打击。批评家会生产出一系列的观点，这些观点会让一个人受到身边相关人士——或者教育人士的长期轻视和贬低。他们的消极信息会被接管，从此以后批评家就像提词器一样不断把观点灌入队长的耳朵。

潜力：有时候批判性的发问是自我反省的一个重要特征，对审查和质保也很有必要。批评家可以防止队长采取草率的行为或者推进未经考虑的步骤。

危险：极端突出的批评家会发展成刽子手。他用敏锐的眼光找出错误并且进行审判，所以他会让队长对错误产生巨大的恐惧。按照相互增强原则，他的行为会造成很糟糕的结果，因为如果谁不停地指出别人的错误，别人也会严密地关注他。对手、升级的罪责分摊都是可能产生的结果。

母山羊

宣言：咩，别和我一起！

本质：母山羊队员很敏感，如果他人做错了什么她会让别人知道。但不是用直接的，而是用暗示的方法——这里一个小小的拒绝，那里一次阴阳怪气（“太棒了，连你也为派对做出了贡献！”）。

潜力：母山羊会暗示性地表达出自己的攻击性。她以一种不一定会造成正面冲突的方式给对方留一个开口，看他是否参与进来。自己搞点事情可以是争吵较为和谐的变体，有助于心理卫生。母山羊也可以指出现在有一场亟待严肃处理的冲突。

危险：如果母山羊在内在团队里成了常客，那么队长就可能会长时间不受欢迎，从而变得孤独。毕竟没有人愿意长时间地听取批评。如果母山羊是发泄愤怒的唯一渠道，则团队内部会产生压力过大的危险。

伤者

宣言：无语或者“哎哟”！

本质：伤者是一名受伤的、需要保护的队员，受伤时他就会出现。通常情况下伤者已经有了所谓的老伤（请参看第四章“心理助燃剂”一节）。如果老伤再次被触碰到，伤者就会反应得更加敏感。

潜力：伤者代表着感触和敏感。如果他是可见的，并且没有被自我保护措施伪装起来，那他就有可能引发对方的同情。困难和不可调和在这种背景下至少都会变成短期的问题。

案例：我曾经做过一个梦，梦里我和我哥哥争吵得很激烈，就像两个小孩一样。我对哥哥有着难以置信的愤怒，所以我故意把他制作的很漂亮的小木城堡弄坏了。他没有干涉或阻止我，而是无语又不敢相信地看着我。

他没有说什么，也没有做什么，只是僵在了震惊和受伤中。我的怒气一点点地减少，对他的行为感到无比吃惊。没有攻击、没有反抗或者复仇，再也没有什么比他此刻的受伤更能让我从心底里感到惊讶，让我解除自己的武装。这场梦和与它相关的感觉在我的记忆里印象颇深。我做咨询师的时候，在一名咨询者那里也了解到了类似的经历。

危险：伤者自身并不会产生什么直接危险，他会被其他守卫型的队员比如警犬角色保护起来（人们也可以把他们看作守卫者）：伤者越活跃，守卫者就会越尖锐，直到伤者尽可能地再也不会被外界看到。

和事佬

宣言：一切都好！

本质：和事佬喜爱和平、和谐，他会均衡紧张压力，他会采取听不见、看不见的方式，就好像它们从来没有存在过一样。所以他是最能代表“刹车”风格的那名队员。

潜力：和事佬能够用自己的宽容和柔和达到减震降压的效果。他着眼全局，可以起到联结和集成的作用。

危险：过于突出的和事佬就像鸵鸟：把头埋进沙里，选择忍耐而不是表达。过于夸张的和事佬会装出一切都井然有序的样子，保持微笑。这样不仅会恶化亟待解释的情况，还有可能将本已有怒气的对方变得更有攻击性。

所有以上描写的队员（和可能的变体）都有干预的行动基础，你需要了解这个基础，因为没有哪个队员可以把自己当作头目。案例中，德蕾小姐的主权委托人很正确地指出了可行的防卫行为（“不要理会！不然你还怎么立足？！”）。但是这种想法首先还需要实践检验：担忧真的有根据吗？保卫自己要冒多大的风险知道吗？还需要检验的是，主权委托人的队员角色是否有助于改善现状，还是她其实把情况变得更严重了，因为她束缚了原队长——也就是德蕾小姐的行动可能。检验以及对于该做什么的最终决定权都掌握在队长的手上，而不是队员的手上。如果某位队员只能给你带来麻烦，在内部给你造成阻碍，或者使你刹车滞后，对他的检查会帮助你经受住他对你精力的消耗，从而不再自动反应或者只是条件反射性地反应。如果你了解了这个队员的实力，你就可以采取第一步措施，对其有条理地进行分析。

通常内在队员们都很希望自己被他们的队长倾听。只是有时候他们不相信，队长会真的对他们有兴趣。

可能你已经从上述案例中了解了你的“弱点”，或许关键就在于多个角色的混合形式，或者一名全新的队员。

下面的练习能够帮助你找出你封闭的内在诱因，或者找出多余的行为。

练习

请你准备好纸笔，记下下列问题的答案：

○当你和一位难相处的人交往时，你更愿意做点什么别的？

○你更愿意对立一些、安静些、直接些，还是更圆滑些？

○是什么阻碍了你的随心所欲？

如果你眼前已经出现了一种初始的怀疑或者一名具体的队员，请你填写下一页的通缉令。如果你还在黑暗中摸索，那么请你尝试先通过自我观察来好好认识一下相应的队员。比如你可以再度回忆起最近一次和难相处的他人交流的画面：那名队员说了什么？他给了你什么想法？你有什么感觉？他想做什么（逃跑、战斗、关闭……）？

通缉令

姓名 ______________

宣言 ______________

这名队员有什么明显特征？

____

____

____

____

他负责什么？他对你有何影响？

____

____

____

____

他有什么好的目的？

____

____

____

____

如果这位队员掌权，会带来什么危险？

____

____

____

____

你越了解自己的内部队员，你就越有机会让他们影响你的行为。这里有两种基本可能性：

1. 因为你已经进行了鉴定，所以现在已经不再是偶然遇到或者突然发现队员的情况了。你可以尝试对其产生直接的影响，在下一个情境中你不再会不由自主地完全被他引导，而是作为队长决定你自己该有什么样的反应。比如你可以首先询问难相处的他人，他的行为原因何在，而不是直接解开警犬的项圈（你可以在 20 秒之后再这么做）。

2. 你还可以在队员边上放一个搭档作为平衡，以此来实现直接影响。你可能已经确定，你在和难相处的人交往时所缺乏的能力，其实已经在生活中其他的领域里掌握了。那么接下来你的任务就是引进这种内在资源。

帮助小组

现在让我们来看看，怎么才能驯服那些麻烦的队员。这里所说的“驯服”，并不是指关闭或者封住他们的嘴，而是为他们提供一种有益的力量。所谓的帮助小组应该作为那些麻烦队员的搭档。

他们可以发挥心理气囊的作用（就像戏剧中的小丑），或者在情境中负责一个较大的距离（比如官僚主义者）。帮助小组里的队员也要以“通缉”的方式介绍名字、宣言、本质、潜力和危险（就算是一个运作极其良好的帮助小组成员也有可能带来损害！关键要看程度和平衡）。

你还记不记得本章刚开始时提到的案例，一位邻居抱怨你过早地修理草坪？接下来我想在谈论帮助小组的时候简短地介绍一下，团队成员在听取邻居的抱怨时是如何反应的。

官僚主义者

宣言：检查材料！

本质：官僚主义者只对一个情境中的数字、数据和材料感兴趣。他是事实侦查员，是材料检察官。情绪对他来说是毫无意义的。因为他没有情绪反应，客观地保持平静，官僚主义者可以平缓事态。当其他队员全都陷入强烈的躁动时（“怎么能这样？”），官僚主义者会检查实际情况，权衡可观察的材料。在刻板邻居的案例中，他会判断：“她是对的，我确实提早了一刻钟。”如果你让他来回答，你就得尊重谴责中“过早除草”的事实。如果你不想让邻居生气，那你还得补充一个解释甚至一个道歉。

完全用事实而不用情绪来反应也是不好的，如果对方感觉他没有被认真对待的话，还有可能导致事件升级。

潜力：官僚主义能实现距离感，并且帮助人们对事件有一个清醒的认识。他会从内部和外部对冲动的反应起到缓冲作用。我的一位女客户，原本很受自己愤怒状况的困扰，在她“安装”了这一位团队成员之后，她在自控方面取得了很大进步。在遇到会让她强烈愤怒的情境时，她会精确地提醒自己，首先查看事实情况（“你随时都可以生气！”）。通过这样一次短暂的中断，这个模式就已经被打破了。这并不意味着她就不再有怒气，而是说怒气变得可控了。

危险：如果官僚主义者造成了你与周围环境之间的距离过大，他有可能会导致无法触摸和冷漠。比如他会完全阻止你接收适当的怒气和批评。另一个危险是，他有可能会过度迷失在事实细节中，从而变得自以为是。

保镖

宣言：这个我可受不了！

本质：保镖具有保护性，很小心，关怀自身，对狂妄、自负和威胁有敏锐的嗅觉。他敢于保卫自己，敢于划出明确的界限。保镖会跟那位邻居说："如果你想让我对你提出的批评有所回应，你就不该冲我大喊大叫，也不该拿警察来威胁我。这很不顾邻里情分，也真的没有必要，你好好地说我也会好好地听。"当你倾向于选择"刹车"冲突风格时，你就该配上保镖角色，而不是过于退缩。

潜力：保镖的存在是为了自我保护、坚持防御性和有意识地对待自己的疼痛界限。他并不担心自己会丢脸或者被别人认为古板。

危险：如果保镖的保护任务太过夸张，他就会被变成"恶犬"（类似于用链子拴起来的警犬）。他不再能足够清楚区分什么时候是真实的威胁或者对自我价值的攻击，什么时候不是。

建桥工

宣言：我想伸手碰到你！

本质：建桥工追求的是和他人之间舒适、友好地交往。他喜欢和平，并且做好了自己为和平做贡献的准备。这个角色是外交官（参见下文）的一种变体，他的特点是对待他人友好、充满兴趣。

潜力：建桥工知道，必须有一人迈出开始的一步。他也知道，对有些人而言这一步很难。他向别人伸出手时并不觉得丢脸，哪怕别人并不以同样友好的方式接受他。在我们提到的案例中，建桥工可能会对邻居说："施耐德女士，你说得对。但是我们得平静地谈谈这件事。您想来我家喝杯咖啡吗？"建桥工很适合那些很快就开始强硬地威胁别人的人。对这类人来说最大的挑战就是怎么不把自己封闭起来。

危险：如果建桥工占比过多，交流提议就会恶化成低三下四的巴结讨好。如果女邻居多次明确表现出没有兴趣或者拒绝，那么就该适可而止，并且转换为保镖角色。太有野心的建桥工会错过这一时机，因为他的职责并不是保持底线。

小丑

宣言：人并不完美，这真是一件憾事！

本质：小丑把事情都看得很容易，他有幽默感。他会眨着眼睛看待困难的情境，并且试图让这个情境令人满意。他并没有讽刺或者挖苦，而是很友好而又充满幽默。但他看似好玩儿的回答里总是隐藏着严肃的核心。在案例中的情境里，小丑会回敬一个友好而令人舒适的笑容："您应该庆幸，我没有更早一点开始除草呀！"或者："您等等，您还没见识过我的吸尘器呢！"

潜力：如果对方是懂得幽默的人，那么小丑会缓和局面。他会有人们意料之外的反应：不是反击，而是运用诙谐和机智。小丑的潜力就是惊喜和悖论。

危险：如果小丑角色占比过多，对方会觉得自己没有被严肃对待。那么小丑的潜力就会适得其反。他会遭到攻击，并且使事情恶化。

外交官

宣言：只有协同合作才能解决问题！

本质：外交官很清楚，困难的情况和交流只有在人们相互合作的时候才能被有条理地解决。他会提出好的建议，所以可能会对女邻居说："只是我有时候很难那么严格地遵守时间，所以如果您能在我偶尔有一次例外时，给我一些时间方面的灵活性，那可就帮了大忙了。比如我可以提前一天通知您，您同意吗？"

潜力：外交官的潜力在于清楚地摆明自己的利益，之后还能找到一条不刺激对方的出路。外交官的能力与建桥工的集成能力很类似，但是他并不像建桥工那样把自己的橄榄枝伸得那么远，他会保持一定的距离。

危险：如果外交官角色太过夸张，他有可能会变成不正派的诡计多端的人。由此他会变得醉心于权谋和策略，从而给自己招来不信任和反对。

观察者

宣言：这里发生了什么？

本质：观察者和建桥工有类似的特点，他们都在情境中保持一定的距离。但与建桥工不同的是，观察者会顾及情绪，并且把情绪纳入自己的分析。比如在上述案例中，观察者或许在面对那位不想给你好果子吃的女邻居（爆发的生气的女人）时，会先保持沉默并稍作退步，然后再敲开她的门，心平气和地谈话。观察者会分析什么可行，什么不可行。

潜力：观察者角色对那些倾向于“加油”冲突风格的人很实用，他们面临的最大挑战是不能有太过迅速和强烈的反应。配备一个观察者角色对他们来说价值千金。

危险：谁要是太过于按照观察者的方法行事，有时就会做出一些不必要的让步。心平气和的时候，也可以有适当的不耐烦或生生气。这完全可以是一次观望的结果，但生气多半是出于一时冲动。

或许你有兴趣通过一个小实验来补充这个列表：请你观察，人们在你周围都是如何面对困难情境的，哪些团队成员在其中发挥着作用。

下一章我们主要讨论,你如何才能用表现出来的“良好精神状态”来补充你的内在团队。

内在团队成员的新建、引入和发展

你是否想知道，哪一类型的团队成员可以在你和难相处的人交流时对你有所助益？你想不想知道怎样才能发展或者强化他们？或许你需要配备一个全新的队员，或许你已经拥有了这个队员，但是你希望他能更加发挥作用。我们首先来观察一下新建的问题，然后再谈谈后续效用。

新建

你越了解新成员以及他的任务，你就越能给予他“天生的力量”。请你写一个包括姓名、宣言和任务的通缉令，拟定一份职业描述。下面的一些问题可以在细化的过程中给你提供帮助：

○这个团队成员需要拥有什么样的特点?

○他如何才能帮助你与难相处的人交流?

○他的宣言是什么?

○他叫什么?他看起来什么样?

○在你“安装”了这位新队员以后，你会有什么不一样的行为?

如果你在思考的同时还运用了图形想象能力和创造力，那么整体就会更加生动形象。别只是描述你的新队员，你还应该在你的想象中赋予他一个具体的躯体形象。

除了自由的幻想，你还可以运用你在童话、动画片或者电影里看到的人物角色。我的一位女客户把保镖角色想象成了一头黑色美洲狮的模样。对团队成员的图像化想象有助于让他从不同层面上扎根我们的内心，并且赋予他更多的效力。

如果别人正好拥有你在追求的特性，那么你也可以从他们身上获取灵感，无论是极具外交天赋的邻居，还是能言善辩的女同事。你可以进入观察的角色，研究身边人的行为。从范例身上学习是一种很有效率的方法。这种特性在当事人身上究竟是如何表现的?他做了什么?将这样一个人以缩影的形式引进自己的内在团队，在困难的情境中你可以想想:他现在会怎么做?他现在会怎么说?他对什么有反应，对什么没反应?

案例 1：在我刚开始任职研讨课教师时，我会经常觉得我应该对一些其实我不该负责的事情负责，因为我必须“承担”它们的后果。进行研讨课的会议酒店总是发生教室没有准备好的情况:桌子摆错了，缺少黑板和展示板，或者有其他技术问题。我在前台请求他们做相应的改变，但我感觉这影响了我对研讨课的准备。一方面是因为我担心新的布置又不正确，另一方面是因为我觉得自己有义务处理这事。我的努力，也就是和酒店更具体的沟通，并没有带来真正的改观。当我和一位同事一起负责研讨课而教室准备又一次不完美时，同事便提出了不满，他向酒店员工提出了整改诉求，并且要求一间安静的屋子用于课程准备，然后便去了那里。我问他，大早上的这么激动会不会对他有什么影响？他回答是，他当然觉得自己受到了一些影响，“但是我相信这事儿能办完。如果没有,那我们就晚5分钟开始”。而我觉得，如果参加课程的同学一进来就发觉并不是所有东西都很完美，那么我对此就负有责任，所以我变得极度紧张。那时候我新建了“我想静静女士”的角色。她的宣言是：“一定能办好的，如果办不好，天也不会塌！”在她的帮助下，我给自己倒了一杯咖啡，找了一个安静的地方重新开始准备，而不是在教室里干等着，直到椅子和桌子都摆在了正确的位置上。

“我想静静女士”当然也是慢慢成长起来的。一开始她也并不能很完美地完成她的工作（就像新来的同事一样，每一个新建的团队成员都需要一个入职适应期）。只有在你和新建成员合作以后，这个角色才会获得力量和实力。就像一块肌肉，只有你积极地在一定的反作用力中使用它，才能真正地训练它。

案例 2： 一位公司女职员找到我，因为她在寻找新的和难相处的客户交流的办法：“当我给卡尔森先生打电话的时候，很快就会被他吓到。他是那种客观而冷漠的类型，让我有一种在跟冰块打电话的感觉。当我在通话一开始询问他过得怎么样时，他很容易就把问题忽略了。而当我在跟他见面时提醒他天气情况时，他又总是僵着一张石头脸说：‘曼茨女士，你我二人都无法改变天气。’卡尔森先生很容易不满。他被惹急的时候，会很清楚地表现出来。因此我感觉我就是他生气的原因，所以我一直承受着业绩压力。尽管我是一名有两年工作经验的合格咨询师，但是在卡尔森先生面前，我就像个学徒一样。”同时当卡尔森先生公开表示对她的工作满意时，她又会觉得很惊讶。事后他会定期跟她说，一切都做得特别好。所以曼茨小姐决定，请求培训师帮忙，她想添置一层“更厚实的皮毛”。在对她的内在团队进行侦查的过程中，我们发现了一名一切以成果为准的承包人，她想要尽力做好一切；一个爱生气的人，她觉得卡尔森先生不能这样和别人打交道；还有一名小女孩，她害怕自己被瞧不起。曼茨小姐说，她很熟悉这位小女孩。在不同的生活领域中她都害怕自己遭到指责，并且她已经在考虑就这个问题寻求治疗性的帮助。

在训练中她想要掌握一些日常生活中较为实用的东西。

我建议她新建一个成员，帮助她在内部对发生的事情保持距离，引导她和卡尔森先生的交流走向客观模式。这样她就不会进入那种由于自己友好的微笑谈话提议被拒绝就感觉很糟糕的情境了。此外，我觉得比较有希望解决问题的做法是曼茨小姐可以通过这名队员和客户搭建一条作为客观事实化身的连线。我们在考虑新建的队员需要具备什么能力。我给曼茨小姐介绍了官僚主义者这个角色。

她对这个提议很动心，但同时又有一些对她是否能够成功完成这项新建工作的怀疑。我们试演了不同的情境，其中我扮演客户的角色，而她试着穿上官僚主义者的外衣，在和我毫无准备的谈话中只能对事实产生反应。

一段时间之后我们就能看出，一种改变不仅会对自己的行为，也会对对方产生影响。曼茨小姐告诉我，卡尔森先生现在非常平易近人，上次通话的时候他还询问她的假期怎么样呢。

引进另一个生活领域的团队成员

我还记得一起骑马的一位女性朋友有一个非常害羞的小儿子马克斯。在学校里他的同桌是利昂，利昂经常未经询问就从马克斯的书包里拿东西，马克斯很生气，但又不敢跟利昂表明态度。有一天，我的朋友准许马克斯在骑完马以后独自把小马牵回马厩。马克斯自豪地牵起缰绳开始行动。小马跟在后面，但是看到路边诱人的青草后小马就停下了脚步。马克斯说："邦蒂，这里不能吃，快走！"但是邦蒂的兴趣并没有减少，这时候马克斯就火了，他用力把缰绳一拉，说："我说了，现在不准吃！"（这句话被他妈妈听到了）看吧，300 千克重的小马立马就跑了起来！马克斯自豪地把邦蒂带回了马厩。我的朋友开玩笑说："他就应该这样和利昂说话！"显然，马克斯敢于这样和小马说话，但是在学校里却很难做到摆明态度。

在生活的不同领域中，我们也展现着不同的能力和特点。

其实很值得看一看，你正在寻找的那种和难相处的人交流的能力，是不是已经出现在了你生活中的其他领域里。从那里把这种能力运输到需要它的地方，就是"引进"内在团队成员的基本思想。

实例：你想要学习如何跟一个难相处的同事更好地划清界限。你们之间的分工并没有很明确的原则，在压力很大的情况下，他希望你能支持他。但他并没有向你提出请求（"您能否……"），而是直接对你提出要求。由于你正好自己也有很多工作要忙，或者这个任务本来就该由他承担，所以你表现得有些犹豫，而他立马就很粗鲁地指责你的团队精神：“你不能就这样坐视不理！”如果你现在去帮他的忙，因为你想要同事间友好一些，而且害怕出现不愉快的讨论，之后你还会生气，因为你把自己置于了压力之下。你跟一位闺蜜讲起这件事，她说：“要是换作我这么跟你说话，你早就骂我了！”对，你想想，其实你可以机智地处理的。但是面对这位同事，不知道出于什么原因就变得困难起来。用内在团队翻译一下，意思就是：其实你本来就拥有一名内心的底线守卫者，但是在那位同事面前，你没法用这个角色。所以你可以把这位团队成员引进到你需要他的地方。这种引进过程由下面六个步骤构成：

1. 认识。首先请给你的底线守卫者画出一个清晰的图像。私下里，当别人想从你那里获取什么你现在不想给出或者不能给出的东西时，你是如何完成界线的划分并且坚守原则的？

2. 采访。问一问你的底线守卫者，如果他来处理这个情境，他会如何回答那位同事。或许听起来是这样的：“如果你需要我来帮你完成原本由你负责的任务，你可以请求我的帮助，我再看看到底是怎么回事。但是你要知道，我这么做是出于同事之间相互帮忙，你不可以这样理所应当地要求我……”

3. 检查。如果你这样回复同事，想象一下会是什么感觉？会出现担忧或者不舒服吗？或许你心里的其他团队成员会让你有不好的感觉？可能是好同事的角色，他认为同事之间就应该无条件地相互帮助？或者是一位冲突胆小鬼，他想要避免同事之间的争执，因为他的心情会因此受损？一定存在至少一名队员，他会担心你没有这样做。

4. 对话。在你的想象中和这位忧心忡忡的团队成员进行一次对话。你想对他的担忧说什么？在你看来这些担忧是否现实？你想要听从他吗？你会认可他的观点但并不想继续容忍同事的做法吗？这时比较有帮助的做法是询问一下底线守卫者的看法。他对此想说什么？说不定他也觉得，就算谈话会令人不愉快也一定要进行。或者他会警告你，如果你不把感觉到的生气表达出来，你的心情会因此有负担。

5. 谈判。就像在一场真实的谈判中一样，请你解释一下，在和同事的紧急情况中，在什么样的条件下你忧心忡忡的队员才愿意把话语权让给底线守卫者。或许言辞太过激烈了，所以需要更为友好地表述？或者你可以把对同事的拒绝和一个小说明结合起来，也就是告诉对方，如果别人友好地询问你，并且也愿意为你提供对应的帮助，那么其实你本来很愿意帮忙。或许你得苛求一下冲突胆小鬼，让他承受不好的心情，或者告诉他："问题不在于心情的好坏与否，而在于这到底是谁的心情。我每次摆脱争吵以后都会很生自己的气。我的心情也会因此变得糟糕。"最关键的是，你要找到两个队员能最大限度融合的办法。如果找不到办法，那就只能让队长（也就是你）来做决定。这是一个持续的、可行的解决方案，但首先需要全面的探测。

6. 测试。在下一次真实情境中测试一下，以底线守卫者的身份来作出反应。有可能你没法一开始就做到，冲突胆小鬼仍然掌握着决定权。但请不要烦恼！这里给大家一个关于我们大脑功能的小提示：自动出现的行动或者行为方式是无意识进行的，它们不被意识控制。

请你回忆一下你是怎么学会开车的。和第一次开车的时候不同，现在你不会再考虑，该如何控制离合和刹车，因为你已经不需要花那么多的精力来有意识地控制这个过程。我们的大脑始终追求着自动化，一种新的行为需要在大脑里有针对性地、有意识地做很多遍，才能成为日常的习惯。

就我们的案例而言，就是要你别生气，你应该允许自己去修正面对同事时的自发反应：“我收回我说的话。但是现在我真的有很多事情要忙，确实没办法帮你。”这可以发生在几分钟、几小时或者几天之后。请严肃对待你自己的内心反应，接着完成你的后续行为，就算它实现得很迟。同事当然不会因此而高兴，说不定他还会生气。但是在该场景中，重要的不是让他满意，而是忠实于你自己，不让别人越过你的底线。你越是有意识地和你的底线守卫者保持沟通，慢慢地你也就能给予他越多的能量。那么在你需要他的时候，他能被召唤出来的可能性就越大。

强化单个团队成员

内部继续发展的第三种可能性与强化单个团队成员有关。虽然他们已经存在了，但是在一个具体的情境中还没有你需要的力量。你能感觉到他们，但是他们还没有向外发展出任何真正的效力。原因可能是一个团队成员的精力太少，因为他们虽然理智上掌握这一种观点或者知识，但是情绪上还没有足够稳定。正如你理论上明白，工作时必要的休息是很重要的，但你仍然到了精疲力竭才肯休息，因为你真的感觉到了休息的需求，所以才严肃地对待它，这二者是有区别的。

如果一个坚持反对意见的团队成员被另一位成员，也就是占主导地位的成员超过了，他的声音就会经常不被听到。用我们的案例来说，意思就是：很可能“精疲力竭”角色没能渗透你，是因为“绩效为重”的角色在你内心里声音更大、实力更强，你耳朵里充斥着他说的你必须完成的事情。强化单个成员的第一步就是要有意识地与他取得联系。注意力集中是最关键的前提，这样你才能强化一名队员并且给予他更多的能量。你和这名成员的联系越好，你就能越正确越详细地知道，你可以跟他聊哪些需求、感觉和冲动。有可能另一位成员会对你该怎么对待那位同事持反对意见。

案例：一位老板向我讲述了一位很让他担忧的员工。这位员工会定期地在办公室待很长时间，周末他也会工作，而且他几乎不休假。“他简直是个不折不扣的工作狂，这会毁掉他的健康。”除此之外，这位员工还回避谈话。对这个话题的关注中我们可以清楚地看到，该情境给老板造成了一种困扰。有一名担忧者，他真的很担心那位员工的状况：“如果一个人不能判断什么时候是结束，别人就应该帮助他，更何况你是老板！”但是担忧者角色遭到了他内心另一位成员的反对——一位负责的业绩贡献者。这个角色只关心一点，就是如果那位员工真的开始有所节制，那么工作就撑不住了：“这个部门的工作必须完成，每一只手都有用！你不能教唆任何一个人减少工作量！”这个内部矛盾清晰地展示了老板的状况。他可以先将两个成员从纠缠中分开，然后再进入老板的角色。在这个角色里他应该关心每一位员工，这是他的义务。就算这让他自己和他的员工都不太舒服，他也不能忽视这个问题太久。我打断了他的话并且请求他，给担忧者一点时间，让他陈述自己的观点，对此他应该接管担忧者的职位。很明显，担忧者对该怎么做有很清楚的设想：老板应该每周都跟那位员工谈话，跟他一起计划工作量。他还应该跟人力资源部门一起商量一下是否要对这位员工进行一些培训，搞清楚员工有哪些义务来服从休假安排。老板还可以每天 18 点以后锁定这位员工的电脑账户（当然，这只在员工表现出不理解的时候）。

领导的结论是："我再也看不下去我的员工这样对待自己了。我很乐意提供帮助和支持。但是如果他在一定时间内还是没有改变的话，那么他可能就会成为第一名我以太爱工作为理由而辞退的员工。"通过有意识地对担忧者角色进行转向和处理，这种参与给老板带来了有形的力量。

练习：

如果你想更好地认识一名团队成员或者有意识地强化他，请你完成以下实验。拿一把椅子，把它当作这名成员的替代品，坐到椅子上，进入这名成员的角色几分钟。这有助于你打开通往这个视角的入口。花一点时间，在内心与他建立联系，将自己引入他的视角。或许他有一种典型的身体姿态，那么请你做出这种姿态。在这个角色里停留几分钟，观察一下你心里出现了哪些想法、感觉和话语。

你也可以用内心对话（不用椅子）的方法来进行这项实验。例如如果你想学习不那么严格、稍微友好一些看待自己，你可以时不时地在思想中进行一日回顾，有针对性地问一下你的"尊严"角色："今天发生了什么好事？我对今天的什么感到满意？我有什么美好的经历？"强化单个团队成员时最重要的是，要有意识地、集中精力地研究他们。

内在讨厌鬼

可能有一些内在团队成员让你觉得很难找到他们。这些团队成员是从我们的生活以及人际关系经验中成长起来的，他们的基本要求和追求就是让我们好好地生活。

这当然也包括在我们有危险时为我们提供防御和保护，有时候还会用一些特殊方法。有的完美主义者会担心："如果并不是一切都完美无瑕，那就会有可怕的后果！"他会推崇最佳成绩，以免受到他人的批评。这种或者类似的动力本身就很难看清，因为它存在于团队成员不愿意展示出来的天性中。他们害怕展示了以后就没法很好地完成自己的工作。他们执行保护任务的方式有可能会造成极端的伤害。一个抱怨一切的悲观主义者，会把队长推入严重的自我价值危机中，无论多么努力，在他看来结果都还不够好，他一直在内心里叫喊"失败者"。或者你还可以想象一位监工角色，他一直鞭笞你向前，从不让你休息，一旦你喘口气，他就会骂你是个懒惰的无用之人。其中到底有什么关系，为什么有的团队成员会消耗我们？内在团队成员记录了我们最重要的相关人直接或者间接传达给我们的信息，积极的也好，消极的也罢。它们影响着我们的自我认识，也就是我们如何看待自己，我们怎么想自己。"小时候从别人那里获得的对信任、价值和尊重的标准，会在我们作为成年人的自信、自我价值感和自尊上反映出来。"（《那我呢？精打细算时代的自我认同》，韦哈格，2012，第 26 页）

再举一个骑马的例子（你都不敢相信人们在这里能做多少社会研究）：一位母亲教她 7 岁的女儿骑一匹小马。母亲并没有增强孩子的信心，或者耐心地纠正她的错误，而是非常严厉地斥责她：“如果你再不把手臂放好，我就把你从马背上抱下来！简直看不下去了，你知道你看起来有多令人厌烦吗？你的马术老师肯定也讲过上百遍了！你是太笨了，还是根本就不想学啊？那你就下马吧！”面对如此严厉的批评和贬低，我心中喧闹着一种由愤怒、惊慌和不知所措混杂的心情。一个小女孩怎样才能带着这样僵住的表情还要努力让她母亲满意呢？很有可能她非常羞愧、很恐惧，同时也深深地怀疑自己失败了。类似这样的打击和伤害往往就是极端团队成员的诞生时刻。他们会在主人耳朵里低语当时的相关人带来的信息（“你不够格”）。或许你会问：团队成员为什么要这样做，这样还会造成一种新的伤害啊。通过自我伤害他们能造成一种非常痛苦的情境，但是这种情境却是可以预见和控制的。所以带来的痛苦并不会像突发的那样让人毫无防备。内在的悲观主义者通过以前真实经历的和之后不断淡化的痛苦来激励自己，从而达到保护本体的目的。他相信，别人无论如何都会打击自己的主人，但是他可以通过自我伤害来先发制人。

心理治疗和培训的作用

痛苦的关系经历牵引着无助、怀疑、生气或者恐惧等感觉，当我们跟这些经历打交道时，我们就接近了心理治疗。

直到今天，很多人都还怀疑通过治疗手段帮助自己解决需求和问题的主意。“我又没疯！”他会说，或者“也没有那么糟，我还没有必要这样！”我个人希望，有一天在精神方面寻求支持的方式能像平时看医生一样普通。把心理治疗当作一种可能性，可以让一位专业人士好好地研究那些给你生活带来困难的问题。对内在团队成员来说，有很多不同的方法和心理治疗方式。我特别推荐理查德·施瓦茨（2007）提出的“对内在家庭的系统治疗”，以及达格玛·库比尔（2006）提出的“内在团队心理治疗”。

一个对内在团队有经验的培训师可以帮助你摆脱固有行为模式，学会和内心的矛盾相处，找到内在敌人的踪迹，用本书这里描述的方式推动内在团队的发展。贯穿本书指导思想的是，我们以前产生的不受欢迎的内在部分和讨厌鬼是为了保护我们。在生活中的某一个时间点，大多数情况下是在童年时期，你选择了这些角色，在你成年以后他们又在你身上反映了出来。他们停留在以前的时间里，若无有意识的努力他们是不会出来的。关键在于，把他们从这些常常持续了几十年之久的角色中解脱出来，然后给他们分配新的任务。在这期间，按求助者需求的不同，心理治疗（以治愈为目的）和培训（以行为能力为目的）都会很有帮助。

第六章

定义并捍卫自己的游戏场地

我是自由的，因为我不受现实摆布，我塑造现实。

——鲍尔·瓦茨拉维克

所有人际交往中的极端情况都有一个共同点：我们大部分人觉得它困难，因为它拘束着我们，将我们置于压力之下，限制我们的需求和行为能力。这种经历包括以下行为方式：

○不友好

○大肆渲染

○情绪变化无常

○容易受伤

○攻击

○任性

○坏的或者不够充分的交流

○缺乏信息传递

○做决定时独断专行

○坏的或者不协作的行为方式

○缺乏约束力

○耍手段

○缺乏或者没有合作精神

所以,在与难相处的人交流时重要的是如何扩大自己的行为自由。

在我们进一步讨论这个问题之前，我们首先把目光投向困难情境中的反应风格：

1. **你选择等待和被动的行为。**许多人在情境中感到不适时会认为，去改变什么“又没有什么意义”。但是，自己塑造和掌控得越少，他人就会对事情把控得越多。

2. **你选择退缩。**如果有让步的可能，有时候这也是一种明智的、没有压力的选择。如果你不想就这么宽容对方，或者不想这么消极地承受这个情境，那你就免不了需要重新定位。

3. **你选择定义自己的场地。**如果一个人心里很清楚自己的界限，那么他就能捍卫自己的利益，守卫自己的底线。情绪消耗、不经思考就行动以及事后跟自己生气的风险会小很多。第三种可能性可以强化你的行为自由度。

在对游戏场地进行描述和分析之后，现在我想教给你们一种方法，它能帮助你们在面对难相处的对方时明确自己的立场。

侦查场地

只有一个人能一直影响你的行为：你自己。你需要把焦点从自己的软弱无能（别人的要求很过分，但是我没有办法）转移到你（一直）可以产生影响的事情上来，也就是你自己的行为。

一定要定义你自己的游戏场地，这样你才不会成为被周围人玩弄的皮球。你要给自己设定一些框架条件和规则。不管你是否想要放弃一段关系，或你是否想要有所投入从而寻求改观，都没有关系，你行动的方向是一样的：测定出你的可能性和界限，积极地捍卫它们，而不是任由自己被事情推着走（之后我还会谈到这一点）。

游戏场地是由界限构建和框定的。了解自己界限的人，就能发展出不同的行为可能性。游戏场地的四条边界分别代表：

关系。这里指的是他人以及你与他人的关系。

你自己。从这个角度你可以观察到自己承受的压力和改变的动机。

未来。你着眼未来，从此时此地推导出未来的结果。

结果。由此你获得面对难相处的他人时自己该如何定位的结果。

借助对这四个方面的发问你可以对自己的情境作出分析。在回答完这些问题后你会很清楚知道，在和难相处的他人交流时你有哪些机会和界限，你的个人游戏场地是什么样的。你会看得更清楚，但这并不意味着情况自然而然就变得更容易了。但你自己手里握着牌，便有了自主决定的权力，而不是一味地被别人牵着走。

1. 关系

○你们之间是什么角色关系（同事、朋友、员工/领导、父亲/女儿等）？

○这角色关系表明了什么？

○你批评对方的什么行为？你谴责他什么？他身上有没有什么你赞许的地方？

○这段关系对你来说有多重要？

○他人做了什么会让和你的这段关系彻底终结？

○你在哪些方面对他人（按合同、按法规、按合约）有义务？哪些方面没有，即你自己觉得可能负有责任时？

○你如何评价对方关于寻求改变的合作态度？

○你有哪些束缚这段关系的可能性?

○关系的中断对你有什么短期或中期的影响?请你考虑所有的可能性，包括你出于一定原因担心的或者不想纳入考虑的情况。

2. 你自己

○对方干扰性的行为对你产生了什么影响?哪些感觉是占主导地位的?

○在什么样的评价或者需求中，你觉得自己受到了攻击或者伤害?

○这种令你感觉负担的情况持续多久了?

○你在这个情境中投入了多少精力，a. 用于生气；b. 用于尝试积极地改变现状（比如解释性谈话）。

少量————————中等————————许多

○你至今尝试过哪些具体的解决办法?有什么结果?

○在这个情境中你的负担有多大?请你以从0到10的标准来评判一下他人给你造成的消极影响程度：0=没有，10=极度消极的影响。你现在处于什么程度?

0————————5————————10

○半年/一年前你是什么状态?

○为了（方法尚不明确）改变这段关系，你打算投入多大决心和力量?

3. 未来

○如果一切都保持现状，你还能忍受现在的情况多久?

○到何时该进行何种改变，你才有决心继续为这段关系付出努力?

○是什么给了你希望，让你认为改变是有可能的（比如以前你们之间有过更好的情况或因为之前有过共同阐释一种困境并成功的经历）?

○你认为出现积极改变的可能性有多大？请你以从 0（没可能）到 10（很有可能）的标准来判断。

0——————————5——————————10

○你什么时候会选择完全放弃这段关系？

4. 结果

○在游戏场地的第四边，你要从自己的答案中得出结论。这时你要决定，是为了改善一段关系而投入，还是要把接触最小化从而结束这段关系，或者给自己设定清楚的规则。请仔细阅读你对前三个问卷的回答，然后再回答下列问题：

○在你这些回答的基础上，你能 / 愿意（再）为对方提供一个机会吗？

○如果是，这个机会是什么样的？在哪些方面你愿意继续与他来往，在哪些问题上你可以妥协，哪些不能？你有什么条件？

○你觉得对方对你给出的机会必须作出什么反应？

○如果迫不得已的话你还能忍受什么？

○如果对方拒绝了你给的机会，对你来说意味着什么，你又会有什么反应？

○你会和某一位第三方人士（一位主持人，你的老板，或者一个值得信赖的人）谈起此事吗？

总结：开门还是关门

如果你用一扇门来比喻自己对改变的决心，那么这扇门既可以打开，也可以关上。关门意味着关系的终结，至少（如果没有结束的可能）会减少无论如何都必要的交往。打开的门则表示在一定的条件下这段关系还有继续维持或改善的机会。敞开的门自然会比关闭的门拥有更多可能性。以下的一些可能性是可以想象的：

○门完全打开。你想要继续为这段关系投入，也做好了采取一些措施来改善现状的准备。你会找到对方，给他提供机会。

○门开了一半。你对谈话持开放态度，也做好了准备。但是你的主动性需要得到对方相应的积极回应，不然的话门就会关上。

○门开了一条缝。你处于一种“观望”模式，而对方正在行动当中。如果要进行改变，那么他已经显示出他准备好了，并且愿意为了改善而努力。

认识内部的和外部的界限

可能你已经走到了明确自己游戏场地的尾声，你再也看不到什么改变的方法，你的门也终于完全关上了。你感觉自己精疲力竭，看不到什么改善的机会。在你花了很长时间去寻求改变，对关系继续下去还抱有希望时，这会是一个令人痛苦的认识。或许这也是一种巨大的放松，它允许你:终于不用再忍受了！竭尽了所能，现在也该抽身了！

内部界限

感受自己的痛苦界限并且认真对待，是从一段关系中走出来的重要步骤。如果你自己都不接受你的界限，那么谁还会接受呢？不要说服自己,让自己太过软弱,也不要在“谁能做到”的游戏中和别人较劲，无论如何都要赢。没有谁比你更应该来决定什么时候该结束。也许你的一个内在团队成员对你说："你一定要坚持！""别这么做！"或者"别人会看到，他错了！"如果你听从了这样的内在提示，那么你就有被削弱的风险，或者你就得进行一场无望的斗争。别把权杖交给这样的提示，你应该牢记图标治疗法的创始人维克多·弗兰克尔的一句话："我并不需要满意自己的一切。"

外部界限

置身事外或者分离这一步，尤其是对那些有较大亲密倾向的人而言非常的困难。他们心里相信，人们可以用好心和耐心（最后还有爱）来解决一切人际关系问题。但是很遗憾，我们不能。如果他人不愿意，那他就是不愿意。你可以非常努力地提供机会、建造桥梁，但是只有在对方也愿意的时候，这才能奏效。不过，你越围着别人转，就越弱化了自己的立场。

桥梁的搭建需要双边建筑工地一起工作，使两个方向的桥梁部分在中间汇合。其中一边的建造可以先于另一边很久开始。但是要想搭建一个从一边通往另一边可用的桥梁，两边都得动工，他们可以不同步，但是必须合作。就我们的话题而言，这就是说，一座只从一边建立的桥梁会崩塌——根据桥梁的宽度、根基和建造材料的不同，这早晚会发生。在一段关系中，桥梁不一定要按照1：1划分来建造的。但是关系的成功需要双方的参与，有时可能一方更靠近另一方，因为对他来说第一步稍微容易些。事实是你无法独立完成可用的基础。你要清楚这一点，特别是当你被过度困在一种不良的关系当中时，一定要放弃自己单方面的努力就足够改良关系的念头，这绝对是一种错误！

现在呢

如果你已经到达了自己的痛苦极限，或者已经在那里待很久了，并且认识到再多的努力也没有意义了，那么现在就到了该分离的时刻。如果你不能完全避免联系，你也应该给自己设立明确的规则，你可以把它们写进“短期—紧急—客观”法则中：

1. 短期：在交流上花费尽可能短的时间。

2. 紧急：内容上只谈必要的东西，不要回应挑衅或者刺激性的言辞。

3. 客观：坚持停留在客观事实上，不要让自己受到挑唆从而情绪失控。

按照这个“短期—紧急—客观”法则来规划你和他人的交流。要是你又不由自主地陷入了毫无结果的争执中，也不要见怪，就把它当作一场预赛，提醒你坚守自己的基本思想：短期、紧急、客观。如果你决定有意识地和难相处的人保持距离，也想省得今后生气，那么除了坚持遵守这三条规则之外没有别的办法。如果你能坚定不移地坚持到底，那么你的力量和精力分配都会收获很多。或许你还会发现，你心中有一位正义守卫者正在发酵，他不会那么轻易让别人逃脱。

就像“他要知道他做了什么”或者“她要看到自己的错误”这些我在研讨课上和培训中经常听到的话，影射的就是这位内在团队成员。我很能理解这种需求，毕竟不公平属于人际交流中很难忍受的事情。但是如果对方至今为止从来就没有变过，那么期待对方在这方面做出改变就是徒劳的。如果不想或者不能从他那里获得解释，那么不管这有多难，你都该学会放手。

你的决定

一个销售团队的女经理压力非常大。她手下的六名员工中，其中两人在没人接替他们职位的情况下调职去了国外。公司管理部门跟她说，现在没有用于补充空缺职位的资金。老板正在制订销售计划，想要展示相应的有吸引力的收支对照表。所以女经理不得不把那两名员工的工作分配给团队里的其他人。这位女经理从一开始就批判性地看待现状，提出自己的想法，并且重新组织工作。然而两个月后，这个团队再也负荷不了了：四个人完成不了六个人的工作量。女经理再次和公司管理部门商量这件事，她解释了现状，但并没有取得什么成效。作为经理，找到解决办法是她的职责，补上空缺的职位并不在其中。

又一个月之后，剩下的四名员工里又有一名辞职了，这个团队的情况变得越来越糟。女经理和公司管理部门进行了第三次谈话，但她的要求还是遭到了拒绝。她感觉很无助，仍在寻找解决当下问题的办法。她该怎么办？

最基本的：你以及任何人都是决定你们在一个既定情境中如何对待他人的人，好的情境也是，坏的环境亦然。就算你被挑衅了、煽动了，或者被现有情境中的动力驱使转向了另一种行为，你也不能强迫任何人。最终总会有阻碍我们做什么或者不做什么的结果（分离、辞职、搬迁等）。当然，我们不想忍受这些，这也是一种决定。你自己怎么做，就是你的决定，每一天都是，每一个瞬间都是。这一点存在于我们的潜意识中，因为我们经常无法自己做主，而是被别人驱动着、强迫着或者逼迫着。认识到自己的责任是为自己赢得行为自由必不可少的第一步：如果一个人只当“受害者”，那他就改变不了任何事情。改变一种行为的后果会有深远的影响，也有可能是不令人愉悦的。所以，问问自己是否能接受这个结果非常重要（比如看不到出路的对峙或者辞职）。我认为一个人决定“什么都不改变”是非常合理的，但自己有意识地作出这个决定和被现状的洪流推上岸是两回事。与其任由事情发生在你身上，不如有意识地对（参与）构建情境作出努力。

所以我建议那位女销售经理去告诉公司管理部门，从现在开始，她的团队只承担合同约定范围内的工作，并且讲清楚有可能产生的后果。为了做得足够细致谨慎，她还应该为所有流程提供书面文件证明，与此同时还要寻找新的工作职位。辞职通常是一个非常重要的决定，但是在该情境中，这也是从绝境中抽身的唯一有效办法。另一种可能性就是继续承受可想而知的恶劣条件——这一点女经理也可以自己决定。但是她需要为这个决定找到足够好的理由，这样才能说服自己继续“忍受”现状，还要清楚自己承受这些负荷究竟是为了什么。当她告知公司管理部门这样的压力时，或许有很小的改变机会。由于她已经承受这样的情况太久了，公司领导对她的印象是：如果到了不得不做的地步，她也能做到。如果女经理现在表现出自己不想再继续扮演这个系统里的角色，而情况也没有什么改变，那么现在是时候从这种专断和不自主中抽身了。

解释性谈话

无论你是否走到了游戏场地分析的最后，无论你是否还想为关系改变有所投入，或者必须进行一次最终谈话，你都需要适合的工具。

至于是什么样的工具，取决于你是否：

1. 想进行一次关于不同观点的对话，其间双方都能倾听；

2. 或者追求一次最终的对峙，其间你自己表明观点，让自己松口气。

我承认，作为一名交际心理学家，大多数情况下我会寻求第一种办法，也就是谈话。但也有例外的情况，比如在只有“愤怒的言语”才能达到治疗效果时，重要的就在于最大限度的真实性，而不在于交际手段。

案例：一名研讨课上的女同学谈起她那位给了她很多罪受的难相处的老板。当她犯错时，他就会以一副首席人生导师的姿态侮辱她、打击她。他已经多次让她在众人面前受辱，其他同事里没有谁敢站在她这一边保护她。当老板攻击她的时候，每一个同事都很担心自己会成为老板讽刺挖苦的靶子。这样的状况她忍受了大半年，最后她终于说服了自己，必须改变现状，必须向老板阐明立场。在那句信念“如果我真的开始做……”中隐藏着一种希望，那就是人们可以改变困难的现状，不会绝望地任由它摆布。如果面对现实，完全没有改变的可能性存在，那么最终的结果就是分离，这常常是令人害怕的。但那位同学此刻已经做好了辞职的准备。她几乎不睡觉，她的神经非常清晰，她不能再这么继续下去。她唯一保留着的就是对老板不可抑制的愤怒。有时候她会梦到她把老板带来的伤害和痛苦悉数奉还给他，这是没有意义的。

然而，我还是鼓励她继续编织这个看似毫无意义的想法，并且要更加具体化，迫使老板面对她所有的愤怒。这种“算账”可以给人带来重新建立自尊的机会，因为之前老板已经将其破坏殆尽。课上我们一起思考了她可以跟老板说什么，以及她想怎么说。她把这根绳索编织得越长，她就越有精力、越愤怒。最后我们还试演了一下老板有可能出现的反应，比如他打断她的话，冲她大喊大叫并且辱骂她。她异常决断，坚持要进行这场对话，“现在我需要这样做，我要把这件事情永远了结”。在该案例中，和老板进行一场解释性对话不光是毫无前景可言的，更是危险的，因为如果一个人想要解释什么，并且对一次谈话持相应开放态度，他就会让自己变得易受攻击。老板很有可能因为她的解释尝试又一次怀恨在心，并且作出更多带给她伤害的反应。

如果你想对难相处的他人采取第一种谈话方式，也就是在谈话中解释不同的观点，那么你首先需要具备倾听以及阐述自己观点的能力。

倾听

倾听指的是，你不光要听别人讲述自己的观点，还要带着思考和情绪去理解：他怎么看，他有什么感觉，他有什么压力，他觉得什么重要？真正的倾听是一门艺术，指的是不光让别人说话。人们之间一旦建立了联系，认真的倾听就可以充当两个独立世界之间的桥梁。

只有对方能给你他心里在想什么的可信答复，没有任何其他的猜想（“他这么做只是因为……”）可以做到这一点。倾听是一种可以学会的挑战，毕竟在必要的时候人们还是会这么做，但赞同别人的观点和看法往往很不容易。有人始终做不到这一点，这也是可以理解的。无论是高涨的情绪左右了我们，还是别人的观点和态度冲破了我们的标底，或者我们还缺乏倾听的耐心和决心，最关键的还在于我们要尽可能进行有建设性的交流，尽量让交流往好的方向发展，尽可能包容交流中的各种可能性。

有益的反向耦合

我建议大家，在谈话的时候定期检查，你是否真的像对方一样理解了他的想法。如果你牢记下面三点，你就能为谈话的成功作出很大贡献：

1. **你询问对方的想法。**“你是怎么认为的或你怎么看……”这样的问题可以让对方对成功的交流产生责任感。你要接受，信息发出者传达的信息到了你这里可能会有变化的事实，不要把你自己的解读当作唯一的真相。“你怎么认为……”这一问题的效果取决于你怎么问。如果你用真实的坦诚对他人的回答提出这样的问题，如果你真的想要了解什么，那么这种问题就会带来效果。

如果你提问时带着嘲讽的弦外之音（因为你觉得自己受到了攻击），对方会为自己辩解或者非常敌对地为自己“撑腰”。这样一来，问题就好像一支毒箭。“听话听声，锣鼓听音”，在这里也是这个道理。

2. **自我解释。**不要以为对方已经知道了你有什么想法，或者你是怎么想的。平静地再多说一些，帮助别人更好地理解你说的话。针对一次对话的解释性谈话并不只局限于信息交换，而是（讲）解释。[1]

3. **总结你理解的什么。**“我这样理解对吗？”让别人来评价或者修改你的总结。就算是一个小小的改动也会带来巨大的不同（一条线角度调整两度，在一米的距离内可能看不出区别，但是50千米以外

---

①原文为“(Er)klären”，此处作者玩了一个文字游戏：德语词“klären”是解释的意思，“Erklären”是讲解的意思，此段作者强调在解释自己时要多讲一些话，所以此处译为“（讲）解释”，想要尽可能接近地表达作者文字游戏里的双关含义，即讲解加解释。

就完全偏离了目的地）。

有结构地进行

在谈话之前，就如何进行谈话达成一致是很有意义的。实践表明如下这种安排是可行的：为了能完全阐述和理解观点，参与双方应该依次有一定的时间和安静的空间用于阐述自己的立场。其间倾听的一方可以提出理解方面的问题，除此之外应该一直专注于理解。当谈话双方都知道，轮到谁“上场”时，说话的一方就不会被打断，而倾听者也不必直接反应，一切会变得更轻松。

让他人在陈述时得以表达他自己的观点是一种善意（因为这展示出合作意愿）的姿态。例外情况：如果对方至今不知道你为何生气，那么你就应该采取谈话行动，以免对方不清楚状况。

亮牌，陈述自己的观点

你在游戏场地分析时做的笔记现在可以帮助你做好亮牌的准备。请按照以下几点梳理自己的笔记（借鉴舒尔茨·冯·图恩提出的交流象限）：

话题／议程

○你想谈论哪些话题，以什么顺序谈论？

○你（至少现在）不想谈论什么？

○你有哪些论据？

想法、感觉和认知

○你带着什么样的心情参与这次谈话？

○你的哪些价值、感觉或者需求受到了伤害？

○你想介绍你的哪些个人观点？

回馈

○你想从对方那里得到什么回应？

○你如何看待你们之间权利和义务的分配？

目标

○此次谈话中你的目标是什么？你想要达到的最大目标、最小目标（无论如何都必须达到，否则谈话就是失败的）分别是什么？有没有重要的阶段性目标？

○你有什么愿望或者要求？

○如果必要的话，你能接受哪些结果？

值得推荐的是，在这之前跟一位你信赖的人聊聊你的笔记。第一印象往往会受到环境的限制。你或许觉得你已经把批评的观点阐述得非常清楚，然而你信赖的人或许却认为你还可以更肯定一些。

建桥和划界

说得形象一些，在困难的谈话中，你不但要拥有能够建造桥梁的能力，也要有划清界限的能力。建造桥梁的方式有：好好倾听、提问以及直接告诉对方你在努力理解他；但你也可以自己侦察出他认为什么重要，什么最能给他造成问题，对他来说目前状况的解决办法是什么，从而在最后给他提供很具体的建议。

如果对方不停地打断你、指责你或者对你提出不合理要求，那么对你来说安装“护栏”就很重要了。听起来可能是这样的：“您陈述观点的时候我一直在听，并且很努力地想要真正理解您。现在我想要阐述我的想法，所以我需要您的注意力。另外，还请您不要打断，让我说完我认为很重要的东西。”如果这样的安全护栏还不够，那你就需要“停车指示牌”了。这样你就可以强调,只有对方遵守一定的规则，你才能把谈话继续下去：“我恳请您让我好好地把话说完，但您还是多次打断我。我很重视这次谈话，并且也为此付出了很多。我只能在看到您有倾听的态度以后才能继续。我们能达成一致吗？”如果不行，那么谈话到此结束。就像你不能强迫任何一个人参与一场建设性的谈话，也没有任何人能强迫你参与一场毁灭性的谈话。如果在你看来谈话缺少必要的前提条件，那么是否中断谈话的决定权就在你的手上。

谈话中的陷阱

有一些行为和表达方式，有可能对谈话的发展造成不良影响。它们具有潜在的激化矛盾的作用，会诱发防御、抵抗甚至反击行为。如果你认识了下面的“陷阱”，谈话中你就可以轻松应对，还能避免对方转移话题。

○**归罪**。把一个推测的不良意图归罪到对方身上：“你现在这么说，只是想要分散注意力！”或者：“你这么做,是因为你懒得自己收拾！”请你最好还是询问一下真正的动机，而不是直接归罪对方。

○**贬低**。用一种轻蔑的方式说话，最好的情况是让对方看起来很笨，最坏的情况是深深地伤害了对方。“你交来的东西简直就是屎！”或者“你根本就不会！”贬低和批评不是一回事，它的目的不在于教给对方一些道理,而仅仅是为了达到信息发送方的自我表现或者减压,这对谈话和关系都会造成非常糟糕的后果。请有区别地、精确地、带着适当的尊重表达你的批评。对方可能会把一个恭敬的批评看作贬低,这种情况下你就应该以自我批评的态度来审查和质问自己的表达。但你要清楚,信息接收方总会从你说的话中听出一些自己的意思,对此你只能产生有限的影响。如果他看不到自己在交往过程中的职责或者并不想承认,你对此也无能为力。

○**教导**。向对方解释这个世界。"如果你想要进一步了解这个话题,那么你就要看到……"或者"亲爱的某某女士,我们约定的第一行是这么写的……"以教导口吻提出的问题会让对方觉得自己受到了轻视,也会破坏谈话气氛。

○**反问**。反问指的是看起来以问题形式出现但实际上是陈述语句的表达。"所以我应该安静地好好看着,这一切是怎么泡汤的?"或者"你难道是第一次听我说,我不同意这种做法吗?"反问句会表达出隐藏的信息,多数情况下是气愤或者猜测。请对你想表达的内容直言不讳。

○**普遍化**。在一个句子的开头或者中间用极端化的词语,比如"从未""一直""不断"会有害于你自己。对方很有可能对内容并没有什么反应,但是却会对这种刺激性的词汇表现出反感。

○**讽刺**。讽刺和挖苦是用来表达愤怒的,它们通常不被直接说出来,而是在字里行间或者语气语调中若隐若现。"多好啊,你现在也看到了!"或者"这不过只花费了我们五天的时间,仅此而已!"谁藏在诸如此类的表达背后,谁就要做好准备,对方有可能会让步或者慢慢转变为反击。

如果谈话搁浅

在困难的谈话中有可能出现谈话双方都没有说到点子上的情况。在情绪的波动中，他们并没有相互倾听，心情也变得越来越激愤，于是谈话就会搁浅。此时正确的做法是中断谈话以及用鸟瞰的视角审视本次谈话："我必须打断一下。我觉得我们谁都没有说到点子上，也没能相互理解。您的感觉呢？"转换到更高一个层次（形而上层）可以把自己从对无益谈话的担忧中分离出来，直到解释清楚该如何进行（"我们该如何继续……"）以后再继续谈话。

如果你确定你再也得不到交谈的橄榄枝，比如因为你没有真正坦诚或者没有做好接受的准备，你应该推迟谈话，这样才不会给对方原有的沟通谈话的决心造成不必要的负担。

总结：两种解决方案

总体来说，在和难相处的他人进行交流时，有两种解决方案：你可以尝试动员对方作出改变，或者动员你自己改变行为。

解决方案A：动员他人

理解

你可以争取他人的理解，让他正视你的批评，动员他对自己的行为做出改变。或许在受到本书的启发以后你最终可以成功地再次发起谈话（参看第七章"工具箱"）。直接告诉对方，你希望他怎么做（"我很希望，你……"或者"如果你……那就对我太有帮助了。"）。

压力

如果关系已经很紧张了，并且关系双方都在纠结权力问题，那么谈话就要暗示性地或者公开地由以下问题主导："谁让步""谁背离了自己的位置"或者"谁作出妥协"。如果你承担后果的可能性(拒绝回答、撤回合约等)，那么你就可以出这张牌，从而达到目的。但你还是要注意，今天的失败者可能是明天的敌人。请你注意公开提出权力问题或者公开发出最后通牒所造成的中长期影响。

跨出第一步

如果你不能承受维护自己利益所造成的后果，那么你就得展示出合作的意向。有压力的时候，大部分人都乐意表现出合作的意愿。反过来，如果你想要"预付"并向对方作出让步，合作的意愿还会增强。通过自己迈出第一步（"我能做什么来改善我们之间的现状？"），邀请对方进入你所希望的方向，是为了达到改变所采用的一种很有策略的手法。你绕开权力问题，告诉对方你并不期待对方单方面的让步，你就有很大机会推动积极改变。

解决方案B：动员自己

对方没有展现出改变的意愿，就不应该再催促。

如果你竭尽全力做了一切你能做的，却还不能成功的话，那么就该选择第二条解决道路。这条道路的关键在于寻找自己的影响领域：

○情况变成这样的时候，对你来说意味着什么？

○如果对方不愿意作出任何改变，你用什么方法可以改变自己的行为？

○这会对你现在和今后有什么影响？

找到和难相处的人交流的解决办法，意思是让一种令人不悦的情况变得可以忍受。只有在少数情况中，才能让这种不悦完全消失。在解决的过程中人们首先要适应，这也包括不得不转进这样或那样令人沮丧的弯道。或许你们能够不把这些弯道当作绕远路，而是看作走向认清内在的道路。难以接受结果是情有可原的。有时候不选择是更好的办法，坚持困难的现状是可以理解的，这也是一种决定。有意识地做决定，会让你成为情况的掌控者。放任现状不管，会让你成为受害者。

第七章

工具箱

你就是自己最重要的工具。

——弗里德曼·舒尔茨·冯·图恩

下面要给大家介绍一些关于和难相处的人交往的补充提示、窍门和建议。这是一个你自己可以使用的工具箱，也可以当作一个小小的参考。

保镖的工具

可能你在看到关于新建内在团队成员那一章时会想，你很需要一名内部保镖作为支持。下面的一些可行反应就是为保镖这一角色设想的一些工具。它们适用于不同的情境，可以为你的防御性提供支持，避免情况出现不必要的恶化。工具根据你面对的事件程度而有所不同，你可以选择适合自己的反应。值得推荐的做法是学习两三种反应，根据自己的目的作出更改，使它们在你需要的时候随时做好准备。所有的工具在介绍的时候都有一个原理，它们不只针对具体的、单次的情境。

离开被告席

难相处的对方会用挑衅、控诉或者贬低来对付你："你自己认了吧！""要是你好好准备了，你就会知道……"或者"你的建议根本没用。"这样的话语有一种磁性的效果，它们会把你拖到一个想象的被告席上，推着你去做你不愿意做的事情，也就是自我辩护。谁为自己辩护，谁就至少接受了控诉方的观点，并认为有必要对其做出反应。要想从关系层面对这份控诉进行内容上的驳回，一个很好的办法就是有意识地忽略它，装作你没有听到一样，不要接招。但是请注意，这个建议只能在你完全作好进攻性的反击准备时才能使用。如果别人想要伤害你，而你却在恐惧的回避中忽视了他的行为，那么他就会把这个当作你的弱点，可能以后还会攻击你。当你清楚知道，哪怕绑着再硬的绷带你也能作出反应，只是有意识地放弃了，你就掌握了主动权。这份清楚的认识可以来源于你和内在保镖的联系。如果你耐心地训练他，使他在今后变得更具攻击性，那么你就可以自主决定，什么时候用什么样的方式来把他投入使用。

有意识客观反应

你可以用带着怀疑、讽刺或者评定的言语来主动出击，做法就是只对话语的客观部分产生反应，忽视其中的“关系箭头”。

话语：“你真的以为……”反应：“对啊！我还很乐意跟你讲讲我为什么会有这样的判断。”如果对方认为这是一种故意的轻视或是一场权力角逐，而不是不小心“脱口而出”了一句不友善的话，那么离下一次挑衅也就不远了。你还可以继续添加（请参看下面的“区分事实与关系”），这样你就可以保护自己不再招惹什么是非。事件随时都有可能升级，但是随着紧张程度的提高，降级会变得越来越困难。

解读反问

出自贝尔科汉（《语言柔道——如何平静地提出反对》，2010，第 24 页）的建议是，仔细地解读信息发出者的消息，然后检验你是否真正理解。“那下次我就对你有更多期待啦！”一个可以解读的问题可以是：“你说的‘更多’到底是什么意思？”通过不同的后续问题（“究竟是……？”“你怎么理解……？”）：

○你可以避免错误的结论：可能信息发出人并不想挑衅你，他只是戳到了你的一个痛点，所以没有立刻进入战斗状态是很对的做法。

○你能够赢得时间，而不是像发射子弹一样做出应对。

○信息发出者必须实话实说，并且摆明今后的态度：我就是要求精确（这样可以提升你的地位）。

区分事实与关系

如果你想坦然地或者下意识地面对关系层面中的挑衅或者攻击，那么我建议你区分开答复事实内容和挑衅本身。话语：“你真的相信，你的建议可以运用在实际操作中吗？”应对：“我从两个方面回答你：1. 是的，我真的相信可以在实际中运用，我也很乐意跟你讲讲我为什么会这么认为。2. 你表达怀疑的方式，在我听来不像是一个问题，而更像是一种批评，你是这么想的吗？”这样你就分开了这句话中有问题的和没问题的部分。就算对方隐藏着或者没有真正说出来，你也可以严肃地对待他就内容方面提出的观点。同时你也对讲话的方式和关系定义作出了区分。

明确后果

在这一种应对方式中，你应该先表述对方做了什么，不要对其进行解读。然后再讲讲这种行为对你有哪些影响（为了清楚地区分描述和解读，你还需要一些练习）。

案例：一位实验室工作人员觉得他的领导会打扰到他，因为领导经常打断他的工作。每一次的中断都会花费这位实验员许多时间，因为他正在进行一些复杂的测量，中断之后必须从头再来。这位老板的自我中心主义和爱给人添麻烦是出了名的，所以要想跟老板反映这个问题或者当面跟他说很困难。

通过描述情境以及清楚地指出后果，实验员可以更有效也更符合自己身份地说："我有一个请求：您能不能在您想跟我谈话的时候稍微给我一点时间，这样我就可以在完成测量工作以后立马来找您。如果我中断了测量然后再重新开始的话，整个过程就会被耽误大约半个小时。"这样一来，老板原本非常不礼貌的行为以及实验员感受到的愤怒都没有被过多强调。当你知道你得用一些策略来对付对方的时候，这个工具简直价值连城。当你发现你想要反对对方进行某种行为时，问问自己：你是想让他认识到他不该这样做，还是更想达到你自己的目的？

合气道——技巧

合气道是一种搏斗艺术，合气道中进攻方的力量会被攻击对象转移，从而为己所用。被攻击对象并不直接反击，而是柔和地参与到攻击方的动作中，然后将局面朝着对自己有利的方向转化。

案例：难相处的对方批评你维护自己的需求："我不知道原来你这

么大惊小怪！”这很容易引诱你走向自我辩护并且这样应对：“我才不大惊小怪呢！”如果你真的对挑衅的内容较真，那么对方就能轻易地把你引到他想要的地方去——被告席。运用合气道的技巧你应该接受这个控诉，而且还要说对方做得对，你只需要一个小小的改动。

你拿出那条批评，并且加入相应的道德或者素质：“您说得对，我非常注重精确性。”以下这些转义的例子或许对你使用该工具有所帮助：

“你真是……”

控诉 / 谴责	**转义**
自大	我关心自己
死板	我条理清晰
顽固	我坚定不移
严厉	我细致入微
斤斤计较	我精细缜密
控制欲	我清醒明白
主观的	我善于评价

合气道技术的原理非常适合用在那些你可能会因为盲目的自我辩护而被削弱的情境中。

鸽子技巧

像鸽子挑选好麦子一样，从他人的话语中挑选出“好麦子”：你赞同对方的哪些话？你能理解或者赞同他的哪些看法？在和爱发牢骚的人交流时，鸽子技巧非常有用。

案例：施耐德先生在同事中以爱发牢骚著称。他对另一位同事舒尔茨说："新老板的上台简直是……他是不是觉得进了这个部门大刀阔斧地搞一番就可以一切都按照他的心意来运作，而我们就必须得跑前跑后的？简直是发疯！"舒尔茨虽然赞同施耐德说话的内容，但是他很受不了这样喋喋不休的咒骂。

他可以这样应对："我也觉得这样挺不好的，老板这么晚才说他的计划，介绍他和团队的合作……"这样一来，他既在内容上同意了施耐德消极的批评，同时又和他过分而又不恰当的表达方式保持了距离。

当你想要给出你为什么同意对方某个观点的原因时，鸽子技巧会非常给力。舒尔茨的话还可以这么接着说下去："……所以我们也一直都不确定，不知道这会对我们有什么改变。这肯定在同事们之间也引起了怀疑，这下他必须想办法消除大家的怀疑了。"

心理医生的耳朵

每个人都知道一些可以瞬间激怒别人的话，比如：

○我们一直都是这么做的！

○你就没有别的事儿可做了吗？

○这也只有你能想出来！

请你思考一下，哪些句子会让你觉得特别被挑衅。想象一下，如果谁真的跟你说了这句话，会发生什么？可能你会很生气，可能你会放下心里的百叶窗或者你直接采取反击。现在请你尝试下面的实验：请你用一个有好奇心的研究者的内心态度来对待对方，他会理解一个你并不熟知的世界。内心里稍退一步，观察他的做法：究竟他为什么会有这样的行为？什么促使了他有这样的做法？如果现在你在自己的应对中感觉到了不同，并且不想再让自己感到这么被挑衅，那么你就在倾听的过程中用到了“心理医生的耳朵”！

如果你对一些人有过敏反应，那么在和他们交往的时候就可以用到心理医生的耳朵。它也可以用在你想要保护自己或者缓和事件的时候。它能接收到公开或者隐藏在字里行间的关于对方是什么心情的信息。挑衅和控诉会被它自动屏蔽，挑战它也不会当真，它只会倾听“幕后”的声音。你可以有目的地在和他人交流时安装上心理医生的耳朵，然后在心里关注对方到底怎么了。请记住：精力会跟随注意力！但要小心，如果你将心理医生的耳朵运用得太过夸张或者伪装太厚，对方有可能会认为你冷漠或者自大。所以请尽量较少地使用这项技巧，只在有必要进行自我保护的时候再使用它。

无语语句

你肯定也曾因为震惊、愤怒或者生气而变得无语。无语语句的目的是，让你走出无语的状态，随时做好第一反应的准备：“这让我很无语！”“噢！我的天啊！”“我得再想想。”这些句子都适合用在你无语的时候，它们可以自动结束掉无语的状态，因为你一旦在发愣的时候把这些话说出口了，你就可以继续发表意见和作出其他反应了。重要的是找到属于你的句子。这句子得适合你本人，不然就无法发挥作用。

沉默

刻意的沉默可以比任何一种言语表达都强大。不理会一次挑衅，并且昂首挺胸地瞥一眼对方，可以使你非常容易掌握主动权，甚至引起别人的尊敬。沉默的力量就在于不要满足对方的期待。他肯定以为面对他的挑衅你会以反击或者自我辩护来应对，但是如果你反其道而行之，他的期待就落空了。请注意，如果你没有眼神接触，身体姿态也很低或者笑得非常害羞，那么沉默就成了一种回避甚至是恭顺，会带来完全相反的效果。

对质倾听

对质倾听是谨慎倾听的一种防御性变体。它能捕捉到公开的或者字里行间的挑衅或者苛求，并且质问信息发出者，他是真的这么认为，还是故意这么说的。

〇如果我没有理解错的话，我应该把主持的权杖牢牢地握在手里，那么请问您在说话的时候，我是不是也不能打断您呢？

〇您觉得，让四个人一起来完成六个人的工作是我的职责吗？

〇您是不是这么想的，您提出的建议本质上来说全都是我的义务，但是我却没有任何权利是吗？

这样的问题质疑了你感觉到的异议或者你认为太过分的要求，你还给了对方发表意见的机会。这可能有两种效果：要么对方现在清楚了自己不该这么做，要么他会肯定其中包含的过分要求。这种情况就要看你如何表态了。

○在这种条件下我没办法再承担主持人的角色了；

○我既不能承担，这也并不符合我作为管理角色的职责；

○在这种前提下我不同意这个提议。

幽默

如果你有这个技能，那就太棒了。具备幽默和机智的技能，你既可以表达清晰，又令人印象深刻，同时还可以让你的交流变得无比轻松。有时候我的研讨课上会有对自我发挥空间要求很多的学生，他们总是用长篇大论，还有许多的问题让其他同学的（也包括我自己的）耐心不堪重负。这种情况下我一般就会眨眨眼睛说："我很不愿意打断你，除非我不得不，所以我要打断一下了。"

花瓣技巧

这项技巧可以用在你还想停留在某个话题，但是难相处的对方却有意或无意地想要转移话题，并且偏离话题的时候。

案例：你想要跟你难相处的邻居说，你非常受不了他在你门口抽完烟以后把烟头扔在那里。

你："请把您的烟头带走。门口这么脏，让我很烦恼。"

你的邻居："反正那里都够脏了，多几个烟头有什么。"

你："您说得对，整洁不过是空想。或许我们可以通知一下清洁部门，告诉他们这里没有打扫干净。但是现在，请您抽完烟以后把烟头带走！"

你的邻居："那你先得跟二楼的邻居说，别再让他们家的狗在墙根那里撒尿。"

你："对，这太不好了，我也觉得很不舒服，我们可以一起去说。但是现在对我来说最重要的就是请你把烟头带走！"

把你的主题当作花朵的中心：不断出现的交流弧线就是花瓣，它们围绕着对方的主题（"您说得对……"），然后再绕回到自己的主题。这样围绕着你的话题就产生了多个花瓣。根据你对话题重要性的不同划分，这项技巧可以很持久，也可以很烦人。花瓣技巧注重的是效率，而不是修养或者谋略。你想达到自己的目的，但是只能绕弯路，这样对方以后才不会继续用这些令人头疼的谈话来烦你。

停止指示牌

在发生越界或者攻击行为的时候，首要目标就是要清楚明白地打断对方。布置好一两个你在类似情境中随时可用的标准——停止指示牌，这样就不用花太多的时间去思考。另外，请你牢记一些句子。比如："那我就没什么好聊的了！""停，不能这样！""我可以接受批评，但决不接受诋毁！"

这种情况下重要的问题是：你的疼痛底线是什么时候被触碰到的？你能说出"停止"，还是内心里有一个让你觉得很难开口的禁止指示牌？只有内心里真正的决心和信服才能给这个行为带来必要的力量，否则你的话就是无力的空壳，毫无作用。决心和内在的允许，在必要的时候变得直接明了，在有个人魅力的基础上这往往是多余的，没必要这么做。

带桥梁的停止指示牌

这种技巧是停止指示牌的一种延续，它会向对方发出明确的信号，说明你在既有条件（被打断、被贬低、被强加）下已经不打算再继续这次谈话了。但是这种停止指示牌之后要紧跟着你为对方建造的一座桥梁。你给他提供你愿意继续跟他谈下去的条件（不打断、不贬低或者不要强加）。听起来可能是这样的："您一直在打断我。这样我就没法清晰地阐释我的观点。我觉得很不舒服，而且这对我们的对话也是无意义的。如果您想继续跟我谈论这个话题，请您让我把话说完。"

回到信息发出者的位置

一些难相处的人有一个特点，他们会试图把自己的问题推到别人身上。对对方来说最大的陷阱就是接受这份负担。

案例：医生助理狄丽希小姐讲到了她麻烦的女老板。她是一个混乱、情绪化的人，还经常提出一些不能完成的要求。最糟糕的是她把狄丽希小姐当成了自己情绪压力的垃圾桶。她抱怨自己的房子太小了、诊所太贵了或者她女儿上大学花费太多。就算狄丽希小姐不想被这些话题打扰，她也只能听着，这非常影响她的工作。更让她生气的是，老板到最后还会说："还有，你这个职位薪酬太高了！其实我应该聘请一个刚刚毕业的人，这样就不用花这么多钱了。"狄丽希小姐最后觉得自己被折磨得精疲力尽。我建议她早早中断这种谈话。对此很有用的方法就是"回到信息发出者"。你只需要提出一个问题："你想从我这里得到什么？"这是个绝妙的问题，因为：

1. 你中断了谈话；

2. 对方的交流需求被揭露了（狄丽希小姐用这个问题清楚暗示了，她不会被当作一个情绪垃圾桶）；

3. 责任还停留在它适合的地方（操心老板的经济问题或者考虑自己职位无论如何都不是狄丽希小姐的任务）。

问题“你想从我这里得到什么”可以强迫女老板说清楚她想要什么，或者就此作罢。她可能不会说“我要利用你来发泄我的问题”，因为这肯定很丢脸。由于通过这个问题她要面对自己不合理的要求，所以谈话很有可能就此无法再继续，而且今后也不会再发生了。

解释而不是假设

一种在和难相处的人交流时被证明有效的方法是想法、请求或者立场都需要尽可能详细地阐释。不要只说你想干什么或者在想什么，而要把你的原因或者背后的动机解释清楚，这样对方就不会自己去臆想太多以至产生怀疑、生气或者防御的空间，从而避免误会。

案例：我和一个我认为很难相处的女同事产生了矛盾。我急需一次解释，但同时我也知道这位女同事很忙。考虑到现有的状况以及这个话题对我的重要性，我跟她说：“我很想跟你谈谈关于……你接下来几天里如果有空可不可以给我半个小时的时间？”女同事表现得非常执拗，我觉得很无语。我已经从我这里出发为她搭好了桥，但只得到了拒绝。所以我选择了回撤，于是矛盾继续发展。

在后来的一次解释性谈话中我才知道，当时那位女同事把我的要求理解成了与我本意大相径庭的意思。她很反感我问她要“半个小时”的说法。我这么说只是因为我很清楚同事的日程安排满满当当，我想表达对一小段时间我就会很满足的意思。但那位同事却理解成我对这个机会这么不重视，觉得大家站在门口随便说几句就好了，所以她的反应才会如此。而当时我也没有好好解释清楚我提出这个问题的背景：“我非常想和你再谈谈……话题。这对我来说很重要。但我知道你很忙，所以我在想要不我们就近找个时间坐下来谈半个小时，再看看我们是否需要再约新的时间，这样会不会好一点？”当你解释清楚了以后，双方相互理解的机会就会大幅上升。你也不会陷入对方对你的误解之中。困难的关系中尤其容易产生负面的推测和猜想，这时候“解释而不是假设”这条原理就尤为重要了。

道歉

人们有很多理由，可以或者应该道歉。或许你在别人的反应中会看到，他们做得过分了，或者他们之后发现了自己在对峙中的强硬其实很不适当。适当的道歉属于工具“内在保镖”，道歉也可以为事件起到一定的降温作用。

在少数例外的情况下，你也可以战略性地道歉，以此保持和某人的距离或者让自己静静地不被打扰。好处是，如果牵扯的情绪不多，那么道歉就会很容易；坏处是，如果你的道歉不够真心，别人一般会看出来。所以，战略性的道歉我建议你只用在当你放弃对一位具体对象的希望和信任时，或者对你来说“正确”已经不再重要的时候。

和难相处的人交往的10个小窍门

下面的小窍门把之前那些章节的中心思想总结为了精炼的短句。首先给大家三个置顶建议：

〇离开单纯的反应方站位！

〇检查你的自由度！

〇积极主动地行动！

1.反思你自己的行为

追问自己的行为并且检查一下，你是否对困难情境的形成也有责任。认清自己的部分可以帮助你更好地理解情境变化。也有可能其他人都跟你认为难相处的对象挺合得来，他只是碰巧触碰到了你的一个敏感点。把自己也看作参与其中的一员，是寻找解决办法时很重要的一步。

只有当人们认识到自己负有责任的部分时，他才能改变这个部分。轻率地将别人定义为就是难搞，也说明了自己其实并没有努力澄清问题。这种做法可能会短暂减轻你的负担，但是对事情本身并没什么作用，而且还会阻碍你进行有条理的思考。

2.区分行为和需求

问问自己，在某个表现出来的行为背后隐藏着什么需求。这对难相处的他人和你自己同样适用。你受什么需求驱使？你为何而战？比如在一种叛逆的行为背后可能隐藏着被接纳和欢迎的需求。当事人很可能不会直接说，但是你可以从他们的沮丧中得出结论。越是困难的时候，我们就越容易去贬低别人的行为（有毛病、讨厌的、愚蠢的）。但是，人的行为不是无缘无故的，而是遵循着他们的需求和恐惧。你要清楚，他人很有可能并没有表达自己的机会。

3.征求两三种意见

和信任的人谈论难相处的他人并不只是为了心理健康，这还有助于发现自己的盲点，接受别人的视角，站在一定的距离之外审视自己的行为。和你的家人、你的朋友或者信任的同事聊天吧。

旁观者的反应和提出的问题可以帮助你看得更清楚。请你信任的人们批判地看待你的情况，并且对你的行为给出具体的反馈。别让他们只是不经思考地给你些笼统的赞许，而是要请他们通过批判的共同思考和追问帮助你反思自己的行为。

4.评定你自己的行为价值

每个行为都会产生后果。衡量一下你和难相处的人交往时需要花费多少精力。你进攻性地对待难相处的他人，以及你努力解释的代价分别是什么？如果你不做，为避免这种情况，你又要付出什么代价？你的责任在哪里（比如因为你是员工、老板或者证人）？你能赢得什么？你会失去什么？你必须考虑到对方的什么反应？每个决定都包含着后果代价，没有不付出代价的决定。所以，最好的办法就是评定这个代价，然后用它来引领你自己，决定自己想（不想）做什么。思考的时候不要只有短期的视角，还要有中长期的眼光。请你考虑一次对峙或者一次回避在物质、精神、时间、经历和健康方面给你带来的后果。

5.要敢于提出批评

批评让你感到烦恼和麻烦的行为，你需要大量的勇气。只有当你把烦恼讲出来以后，才有改变的可能。

不然别人怎么知道是什么影响到你了呢？请你牢记以下几点：

○考虑一下你该用什么身份来提出批评（领导、同事还是朋友）。

○搞清楚你和对方谈话的目的是什么。

○考虑一下，是否可以跟第三方谈起这种让你烦恼的行为。例如，如果你属于管理层，而难相处的他是一名员工，那么谈话就是你作为管理人员不可推托的职责。

○请借助实例让你认为烦心的行为方式更加具体，这样当事人也能更好地理解你的想法。重要的是你内心的态度，试着用一种温和的表达方式："我想清楚地阐述我的想法……"而不是用比如"我告诉你，你……"这样评判性的口气。

○说说是什么打扰了你，这种行为对你以及在更广的范围内（对同事们，对整个工作等）有什么影响。请你举例说明。

○请你坦率地提出批评，掩盖和说好话帮不了任何人。

○不要期待得到赞许，给对方一些时间来消化你的批评，如果有必要的话还可以约定第二次谈话。

6.转换视角

认真倾听他人。试着理解他们的观点、需求和动机。这并不是指你一定要同意他们的观点或者为他们叫好。但是你可以提高你们一起找到解决方案的可能性。

只有愿意谈话和愿意合作的人，才能被他人理解。在陈述你自己的观点之前，可以先总结一下你对他人观点的理解。

7.维护平等而恭敬的交流

不要在谈话中提出道德告诫（“你怎么能……”），也不要提出控诉，否则对方可能会为了维护自己的主权和自尊表现出抗拒。尊重对方，就算他并没有尊重你。如何构建一次交流由你来决定，要不要走向对方的层面也是你说了算。

8.保持耐心

既定的行为方式会自动保持运行，并且不会在一两天之内发生改变。对自己、对他人你都要保持耐心。就算你进行了有建设性的、解释性的对话，可能也达成了一些具体的约定，你也要预料到反弹。不要要求迅速改变，每一个小小的进步都值得肯定。

9.接受帮助

困难的交际和关系可能会有消极的吸引力。就算你有很好的决心，也做了很好的准备，你的情绪还是有沸腾的可能。珍贵的机会转瞬即逝，麻烦可能会变得更多。

如果你不确定你是否能引导对话进入必要的平静，那你就可以考虑请一名中立的第三方来担当主持。这个人得双方都接受，这样才能负责组织一次有建设性的谈话。他可以是一名专业人士，也可以是双方共同圈子里的成员。关键在于，他可以组织有序的相互交谈，而且谈话涉及的矛盾要与他的个人利益没有关联。

10.认识到何时该结尾

谨慎对待你的疼痛底线，保护好自己，你可以自问：我想走多远？我有多少力气可以用？积极改变的前景如何？我至少需要哪些信号才能继续？我什么时候才能到达顶点？只有了解安全护栏的人，才能很好地协调油门和刹车。

“和难相处的人打交道”可能是不愉快的会面，也可能发展为造成巨大心理负担的情况。其中显露出来的行为方式其实已经远远超越了我们认为的恭敬的交流方式。一旦底线被反复地、粗暴地突破，就会造成连带着当事人的愤怒、侮辱和羞愧的可怕反应。如果能从情绪上和理智上进行很好的研究和处理，糟糕的经历就可以被集合和“消化”。除了对实践保持冷静之外，谈话就是处理过程中最重要的缓解方法。一直以来，有很多自我价值受到长期损害的人来我的培训事务寻求帮助，他们在感受底线和自主地维护底线方面存在困难。

他们首先需要一个能专心倾听以及分担他们痛苦的人。这通常比告诉当事人他们原本该怎么做或他们该怎么防御的建议重要——这些建议即便是出于好意，也有可能意味着更多伤害。许多人都很难讲述他们困难的情境，因为他们羞于让别人得知那种轻蔑的、受打击的或者被伤害的行为。长期处于困难关系中的人，有可能会丢失对底线和越界的眼光和意识，重建这个秩序是处理恐惧经历的主要方面。经历的当事人会在心里给予那种“这不会发生”的保证一席之地，在那里，愤怒和悲伤可以被感知，也可以被表达。如果和难相处的他人相关的事情发生在工作领域，那么你应该告诉领导或者公司的一位官方对话伙伴。禁止或者在不得已的时候批准工作岗位上的越界行为是管理层的任务。当员工不断地做出越界行为时，管理层可以也应该使用警告的机会。礼貌的行为是工作合同义务的一部分。

针对管理层在与难相处的人交流时的特殊责任，在之后的章节中我还会提到。

第八章

对时代精神的批判性思考

如果人们和自己内心里的那个人不再联系了，那么也就不奇怪，为什么人们在公司会对越来越少的人负责。

——《有意义的成功》，汉斯－格奥尔格·胡贝尔、汉斯·麦茨格尔，2009，第 12 页每个人都有自己不一样的压力模式，它是由一个人经历压力或者接受批评时表现出来的典型行为方式组成的。在李曼 - 托曼模型中，行为方式按个人故乡区域中的重点被归类，只有被强烈影响的压力模式才与模型中的行为方式相对应。一个偏重长期 / 距离的人在有压力时会表现出不耐心、退缩或者攻击。偏重亲密 / 长期的人则会选择适应、追求和谐或者尝试缓和紧张。无论个人故乡区域在哪儿，承受压力时人们会比轻松和沉着，行为也会更加个性。压力和紧张更容易滋生冲突，并且还会加重冲突的程度。

由于本书的目的在于让大家对如何与难相处的人交流有更深刻的理解，同时给大家提供一些面对困难交流的方法，所以在人际关系中最关注的是：一个人的行为是由什么动机引导的；一个人在什么时候会变得难以相处，为什么？

这会对和周围人的关系带来什么影响？这种以个体为中心、以关系为导向的视角非常符合我们的话题。一方面，因为这能帮助每个个体有更多的理解，给他们展示了更多实际操作方法；另一方面，因为每一个行为都镶嵌在某一种特定的社会环境中，它会影响人们交流以及发展关系的方式。本章中我想从第二个视角出发，探讨社会环境对困难行为方式的产生和持续有什么意义。

社会环境中的困难行为

这是一个日常生活常伴压力的时代。我们承受着时间压力、业绩压力和成功压力。压力往往会在人们的身体和心理上都造成一定的负担，但是用于身心恢复和补偿的时间却很少。哪怕在休假，我们也要注意接听工作电话，查看电子邮件。尽管我们知道这不利于我们的休息，但是对很多人来说，上班第一天被邮件的潮水淹没是一件更为可怕的事情。所以我们便有了一种对压力的习惯，但其实这也只是一种幻影。如果你把手伸进热水里泡几分钟不动，慢慢地你就不会再感觉到水的温度；如果你手腕上一直戴着一只手表，不知道什么时候你就感觉不到它的存在了。对紧张和压力的感知也是这个道理。

昨天还受不了的压力，今天就已变得稀松平常，有时候我们慢慢就感觉不到压力的真实程度了。唾液中激素皮质醇的可验聚集会在压力下明显上升，尽管如此，我们可能也没有明显的压力感，这就是习惯效应的结果。压力和紧张会在人变得难相处的过程中发挥作用，虽然我们可以区分能承受的不同紧张程度，但是压力一直都影响着我们的思想、感觉和行为。谁处于压力之中，谁的生气导火索就会更短，所以他也会比平和的人有更激动的反应。通常有压力的人们会像荡秋千一样相互增加压力。让我们来看看日常生活中经常出现的一些压力诱因。

快，快！

我们一直处于时间压力之中。我们必须遵守满满当当的日程，每天从早上闹铃响到晚上关台灯都有安排。我们按照细致的时间计划来安排自己、家庭，安排工作、活动、义务和我们的空余时间。就算是家庭日历也会被Outlook[①]自动更新。这种方法的目的是为了避免压力，但光靠一份具体的时间计划完全不够。相反，如果你的每日计划里有太多的日程安排，它自己甚至就会变成压力源。而“太多”越来越不由个体的感知来决定。相反，通常是由一种外在的信号来确定一个人是否承受了太多压力。没有了时间，计划就几乎不能掌握要求、期待和愿望的分量。

休闲、安静还有为自己而存在的感觉就必须放弃了，因为这些没有办法在两个日程之间的七分钟里完成，也不是精疲力竭的一天之后，晚上按下一个键就能做到的。很多人觉得这种情况下自己就好像处在一个仓鼠轮里一样，你跑得越快，轮子也就转得越快。这样就会形成一种危险而又虚幻的习惯效应，人慢慢就习惯于处在长期的时间压力下，不停地被追赶，最后其他人也变成这样。习惯于持续的时间压力会导致人们觉得空闲时间（旅行、周末、节假日）不堪重负，在没有工作要做的时候反而会变得“躁动不安”。有的人还会对此深感内疚。

高性能

工作领域中不断上涨的业绩压力要求我们长期保持高效率。工作成果不光数量要出色，对质量的要求也大幅提升。现在一个员工要独立完成以前两个或者更多员工共同的工作量。由于工作效率和竞争力

① Outlook是由微软公司所出品的Microsoft Office内的个人信息管理系统软件，功能包括收发电子邮件、日历等。

的提升，很多公司都开始裁员和进行合理化改革。工作的压缩导致了员工压力的上涨。员工们抱怨压力已经大到极限甚至已经超过极限时，领导们往往只会无奈地耸耸肩，他们也处在同一链条中。脱离这链条或者被拒绝，从而离开这个系统的恐惧是巨大的。

谁表现得“承受力更小”，谁就会被看作弱者，被辞退的风险也就越大。由于压力的不断增大，过去几年中，罹患心理疾病的人数也在上涨。除了运动系统和呼吸道疾病外，心理疾病成为丧失工作能力最常见的原因。“联邦劳动保护和劳动医疗部门”2012 年出具的压力报告显示，最容易造成压力的工作要求是多任务化（58%），紧接着是业绩和期限压力（52%）。

一直在线

我们身处持续的交际压力中，每时每刻都要在线，不分白天黑夜地满世界发送信息。不管是在电车上、机场还是在公交车站，几乎每个人的眼前都有一部智能手机或者平板电脑，一整天都在数字化运行。有人在餐厅吃饭的时候，甚至在开车的时候都会写邮件。如今交际的灵活性不再像以前一样受时间和地域限制，这给了交际更多的自由，同时也带来了大量压力。有一个周一，我的一位客户告诉我，上周末是好长时间以来第一个他老板没有给他打电话的周末。要真做到随时都可以相互交流这一点，人们也得让自己随时都能被别人联系到，这也给人带来越来越大的压力。要是谁几个小时都没有回复邮件，就该担心自己会被别人看作不可靠。如果谁星期天晚上在自己的电子日程中收到了一个星期一上午的预约，但由于周末没有检查邮箱所以错过了，那么这个人就会被认为是不能信赖的。

如果我们明白，压力会把每个人推向或短或长的心理紧张状态中，那么我们也就不会奇怪，困难和奇特的行为方式为什么会增多了。一直在极限中运行的人更容易受刺激，也更容易变得烦躁、不友好以及以自我为中心。每个人都有可能是下一个，这是一个在整个社会层面上持续发生的现象。

复杂的系统与复杂的矛盾

公司里人与人之间产生的紧张关系，其实并不主要在于需求或者个性的不同，而是结构方面的原因。如果 A 组的任务是在高压力下对一个产品进行错误分析，B 组在同样大的压力下要根据这种分析对产品进行修复，那么每一个被 A 组忽略的错误都会变成 B 组的障碍，尤其是负责检查的 C 组来追究责任时。这个流程中，矛盾就会埋下伏笔，而且也是不可避免的。造成矛盾的最主要原因不在于不同的人格，而是要求、目标和任务。要想处理好这一切就需要良好的交流。如果谁长时间承受着压力，那么一般说来他也不太善于交流——他臆测别人有不良目的，不能很好地倾听或者完全不会倾听，也不善于合作，而且会把这种行为（再）传染到周围人当中，对周围人充满防御——不知不觉中他就把自己变成了一个难相处的人。就算两人之间本来没有什么问题，他们之间也会发生矛盾，甚至矛盾迅速升级。

休闲压力

休闲的时候压力也在继续。人们的要求很高：人们要维护社交关系网，要留一些时间给家人，除此以外自己还要好好休息。如果时间少，那就更要好好地分配和计划。把自己的灵魂放空一下，虚度一天的光阴，只做有意义的事情——内心的平和是我们和难相处的人交往的缓冲器。“有主心骨”的人不容易被刺激和攻击，他可以放松地应对。我们能平衡紧张关系的可能性不大——因为我们自己就游走在力量、耐心或者负荷能力的边缘，容易受伤，这样我们自己参与困难情境的产生和持续的可能性也就越高。

管理层的特别责任

管理层的人，肩负着一种四向的责任：对公司、对团队、对每个员工，还有对自己。在许多公司里，管理层很少或者几乎没有去想，他们是否应该具备一些用于承担责任的社交能力。我在做咨询师时和很多管理层打过交道，他们当中的许多人在管理任务这方面都没有接受过针对性的培训，也没有用相应的方法来为扮演管理角色提供支持。最后可能造成的结果就是，人才培养不需要特别的资格，而是顺便学习过或者自带天赋就行。

这是个后果严重的错误。情况稍好点，它会造就一些管理人员在激励团队、处理矛盾或者专业地组织谈话这些方面都力所不能及。最坏的情况下他们对这些问题都满不在乎，也无所谓自己这样的态度会造成什么损失。之前我被询问到是否可以去处理一下某个团队和他们领导之间的矛盾。经过更多的了解我发现，那位领导总是在团队会议的时候让单个员工丢脸，他对团队成员的想法和反馈毫无兴趣，并且行为很不礼貌甚至专横独断。团队成员们试图跟他好好谈谈这个问题，他的回复却是：“你们在想什么，我一点兴趣都没有！你们别来烦我！”最后这个团队只好去找人力资源管理部门寻求帮助，因为上一级别的领导对他们的矛盾也不感兴趣。对于这样一种状况我首先想问：这种行为怎么会被容忍至今？就没有更高层职位的人对其进行严厉批评吗？另外，如果这个行为发生在一位部门领导级别的管理人员身上呢？人力资源部非正式的回复是："情况我们是知道的，但 D 先生是位优秀的销售人员,公司老板想要留用他。"这个案例并不是个例。领导能力的缺失被忽略了，重要的是销售数字说了算。长期下去，糟糕的领导能力会对企业管理造成可怕的损失。人们必须认清无工作动力的工作时间会带来什么代价，那些困扰的、气愤的、失落的还有不安的员工会经常表现出他们的不满，这也消耗了他们的精力。

如果领导太糟糕的话，一旦员工有了其他的选择就很容易不再积极工作甚至辞职，那么公司的人才资源就会丢失。矛盾得不到解决或者得不到充分解决，出于对许可的恐惧，错误会被隐藏，以至于人们不能从错误中有所学习。信息会滞留,团队中的最强者就按照"野生"的法则实现自己的价值 ——更不要说公司里的认同缺乏以及被压制的工作动力了。在我作为咨询师工作时，经常遇到自主意识缺失或者缺乏的管理人员，他们不知道自己的行为对整个团队的氛围、整个部门或者整个区域造成的影响。作为"领头狼"的他们应该给出自己是否愿意的节奏和语调。如果一名员工故意辱骂一位女同事（"你的工作是个傻瓜都能做！"），而现任的领导却以"言论自由"的名义宽容了这个行为，这就是一种根本上的错误。管理人员通过他们的作为决定性地影响着难相处的员工在团队内是否被宽容。如果老板自己都不设置护栏制止这样的行为，那么谁来设置呢？这是管理责任中不能推托的基本部分，不能交给人力资源部，不能交给公司老板，也不能交给员工们。谁不认真负起这份责任,谁就在冒险浪费自己团队的潜力，也在冒险失去别人对自己的信任。管理层的一项基本任务就是促成合作，当员工自己无法建构、组织或者联合的时候，管理层应当帮助他们，这包括清晰的角色分配，任务的合理分工，资源的维护，做困难的或者有时候不受欢迎的决定，澄清矛盾，维护员工的利益。要是这些内容员工都能自己完成，那公司还要管理人员干什么？

管理人员对于他影响范围中的气氛负有特别的责任，对员工们给予他的信任也要负责。如果没人确定底线，那么困难和极端的行为方式就会扩散。有益的、充满尊重的交往做法是对团队中的所有人负责，这需要团队中每一个个体的勇气和胆量。只有得到领导支持的人才有勇气，否则他就有被踢出团队的风险。确定底线和承担后果都是老板的事情。谁害怕和难相处的同事打交道或者害怕终结一种工作状况，他就需要从相应的进修和培训中获得支持和帮助。

结束语

完美是优秀的敌人！

——伏尔泰

我希望，本书给予读者一些关于与难相处的人打交道的启发和认识，比如如何为关系建造桥梁，如何划清界限或者如何在怀疑的时候选择结束。

最后一条，也是我认为最重要的一条，我想要告诉你们的建议是：要告别你在事情发生时随时都能有完美反应的想法。难相处的人和麻烦的情境之所以困难，是因为没有针对它们，像变戏法一样立马就能找出来的专门反应。我们对此没有准备是困难交流的自然现象。如果你要求自己随时都能对答如流、能言善道还要精确应对，那你就把自己置于了不必要的压力之中。过高的要求会阻碍你在反应中的灵活性，它会把你变得僵硬、死板和缓慢（请你尝试着用紧绷的手臂和手掌去接住别人传给你的球，这几乎不会成功）。如果你又一次陷入了无语的境地，或者不能足够自主地应对，也不要见怪。别人给你添乱也就罢了，你自己可别再让自己受罪。平静地想一想，你觉得哪些反应是好的、合适的。耕耘你自己的辩论场——按照萨特说的“自由”——你可以从一个人的既有之躯上再有所建树。

如果你经历了什么令你不悦的事情，这些事情至少在一些别的方面会有好的作用。越有这样的想法，在紧急情况中你变得真正能言善辩、对答如流的可能性就越大。所以，我想引用弗里德曼·舒尔茨·冯·图恩的一句话来补充伏尔泰的名言：我们不能只因为我们可能做不到最好，就忽略好的。

一份特殊的感谢给予我的老师、教授、导师弗里德曼·舒尔茨·冯·图恩博士。他极具人文主义的形象和他的交际心理学是本书的坚实基础。

克里斯多夫 · 索特尔先生，位于塔尔维尔的企业管理瑞士中心前负责人，他为一切提供了可能。2004 年时他带着开设一门以“和难相处的人交流”为主题的研讨课的想法找到了我。我非常感谢他的激励。

我感谢参与我研讨课的同学，感谢他们在我们一起痛苦地研究那些困难交流时作出的贡献。

感谢凯瑟琳 · 扎赫和福尔克 · 珀梅尔恩宁的细致注解和他们有益的建议！

本书献给于 2015 年意外早逝的我的父亲——克劳斯 · 左勒博士。

我多么希望，他也能读到。

参考文献

1. J. 鲍尔:《为什么我能感觉你的感觉——直觉交流和反射神经元的秘密》，2006，慕尼黑。

2. J. 鲍尔:《人性规则——为什么我们天生追求合作》，2006，汉堡。

3. K. 贝尼恩:《引导困难的对话——工作中的建议型、批判型和冲突型对话模式》，2003，莱茵贝克。

4. B. 贝尔科汉:《更加冷静的自我实现方式——针对女性的一项自我肯定训练》，2003，慕尼黑。

5. B. 贝尔科汉:《语言柔道——如何平静地提出反对》，2010，慕尼黑。

6. G. 达曼:《领导层中的纳粹、极端自私者和精神变态——有效经营管理的案例和解决方案》，2007，伯尔尼。

7. J. 厄尔雷:《了解我的内心世界——个性分裂的自我诊疗》，2004，慕尼黑。

8. M. 弗里施:《日记 1946—1949》，1987，柏林。

9. J. 嘉里:《身体语言与交流》，2008，弗莱堡。

10. F. 格拉斯尔:《冲突管理》，2002，伯尔尼。

11. J. 哈雷:《共同的分母相互作用》，1987，慕尼黑。

12. P. 赫尔维希:《性格学》，1967，弗莱堡。

13. T. 霍尔梅斯:《遨游在内心世界——自我经历的图示向导》，2007，慕尼黑。

14. H.-G. 胡贝尔、H. 梅茨格:《有意义的成功》，2009，明斯特。

15. K. 约翰斯通:《即兴》，2010，柏林。

16. G. 荣:《我们的内在资源——正确认识自己的优缺点》，2006，哥廷根。

17. K. 科尼希:《心理分析学中的性格小知识》，2008，哥廷根。

18. D. 科姆比尔:《她说，他说——合作、家庭和工作中的交际心理学》，2006，莱茵贝克。

19. D. 科姆比尔:《心理治疗中的内在团队——方法与实践手册》，2013，斯图加特。

20. J.M. 雷纳尔、W. 厄齐:《等级的天堂——如何在工作日常中积极建立地位》，2006，韦因海姆。

21. F. 雷洛尔德、Chr. 安德烈:《正常的疯狂——与麻烦人打交道》，2008，柏林。

22. A. 罗曼 - 海思拉:《2012 年德国压力报告——心理需求、资源与状态》，2012，多特蒙德。

23. B. 皮尔克森、F. 舒尔茨·冯·图恩:《交际是一门生活艺术——交谈中的哲学与实践》，2014，海德堡。

24. F. 李曼:《恐惧的基本形式——一项深度心理学研究》，1961，慕尼黑。

25. T. 施密特、M. 伊瑟尔:《等级游戏》，2011，法兰克福。

26. F. 舒尔茨 · 冯 · 图恩:《交谈 1 ：障碍与解释》，2010，莱茵贝克。

27. F. 舒尔茨 · 冯 · 图恩:《交谈 2 ：风格、价值与人格发展》，2010，莱茵贝克。

28. F. 舒尔茨 · 冯 · 图恩:《交谈 3 : 内在团队和适宜的交流》, 2013，莱茵贝克。

29. F. 舒尔茨 · 冯 · 图恩:《了解自己和他人：交流和社交能力》, 2004，莱茵贝克。

30. F. 舒尔茨 · 冯 · 图恩:《交谈 4 : 提问与回答》, 2007，莱茵贝克。

31. F. 舒尔茨·冯·图恩、K. 扎克、K. 左勒:《相互交谈从头到尾——交际心理学百科全书》, 2012，莱茵贝克。

32. R.C. 施瓦茨:《内心大家庭的系统诊疗》, 2007，斯图加特。

33. R.C. 施瓦茨:《IFS 内在家庭系统：一条通往更多自我引导的道路》, 2008，诺德施泰特。

34. E. 施塔尔:《挑拨的艺术——处理瘫痪的关系定义》。参见 :F. 舒尔茨·冯·图恩、D. 科姆比尔:《推动日常交际——教习心理学微观 3》, 2010，莱茵贝克，第 71—114 页。

35. E. 施塔尔:《冲突的上演》。参见 : F. 舒尔茨 · 冯 · 图恩、D. 科姆比尔:《推动日常交际——教习心理学微观 3》, 2010，莱茵贝克，第 40—62 页。

36. St. 施塔尔:《从“模棱两可”到“是的！”——理解并解决交际恐惧》, 2014，汉堡。

37. Chr. 托曼、F. 舒尔茨 · 冯 · 图恩:《帮你解释 1 : 困难谈话中心理治疗师、谈话助理和主持人手册》, 2003，莱茵贝克。

38. Chr. 托曼:《帮你解释 2 : 工作中的冲突——阐释方法和模式的对话》, 2004，莱茵贝克。

39. P. 韦哈格：《那我呢？精打细算时代的自我认同》，2012，慕尼黑。

40. A. 冯 · 施里普：《敌对中的自我组织动力——“非暴力抵抗和新式权威”会议上的演讲》，2014，米尔海姆。

41. H. 韦尔策：《想想自己——抵抗的引领》，2013，法兰克福。

42. P. 瓦茨拉维克、J.H. 贝阿维恩、D.D. 杰克逊：《人类交流》，1969，伯尔尼，斯图加特。

图书在版编目（CIP）数据
如何搞定难相处的人 /（德）卡伦·左勒著；马亚雯译．—南京：译林出版社，2020.1
ISBN 978-7-5447-8015-5

I.①如… II.①卡… ②马… III.①人际关系学－通俗读物 IV.①C912.11-49

中国版本图书馆 CIP 数据核字（2019）第 226427 号

Author: Karen Zoller
Title: Schwierige Mitmenschen: So gehen Sie souverän mit ihnen um

Chinese language edition arranged through HERCULES Business & Culture GmbH, Germany.

著作权合同登记号　图字：10-2019-348号

如何搞定难相处的人　［德国］卡伦·左勒／著　马亚雯／译

责任编辑　韩继坤
特约编辑　赵　瑜　宗珊珊
装帧设计　鹏飞艺术
校　　对　张兰坡
责任印制　贺　伟

原文出版　Rowohlt Verlag GmbH, 2016
出版发行　译林出版社
地　　址　南京市湖南路 1 号 A 楼
邮　　箱　yilin@yilin.com
网　　址　www.yilin.com
市场热线　010-85376701
排　　版　鹏飞艺术
印　　刷　三河市中晟雅豪印务有限公司
开　　本　640 毫米 ×960 毫米　1/16
印　　张　16.25
版　　次　2020 年 1 月第 1 版　2020 年 1 月第 1 次印刷
书　　号　ISBN 978-7-5447-8015-5
定　　价　29.80元